CADERNOS O DIREITO

2 (2007)

CADERNOS O DIREITO

APRESENTAÇÃO

O Direito assume, sempre com o apoio seguro da Editora Almedina, uma nova iniciativa: a de publicação de *Cadernos*.

Os *Cadernos O Direito* visam um espaço novo de literatura jurídica portuguesa. Irão reunir escritos de qualidade que, pelas suas dimensões ou pela conveniência de agrupamentos temáticos, não se coadunem com a inserção nos números comuns da revista.

A linha editorial seguida será, fundamentalmente, a de *O Direito*. Pretende-se dar corpo à Ciência Jurídica de fala portuguesa, procurando aprofundá-la e preservá-la numa fase de esbatimento das fronteiras seculares. A jornada, em tempo de instabilidade legislativa, anuncia-se apaixonante. Não pode tardar.

O DIREITO

Director
Inocêncio Galvão Telles

Fundadores
António Alves da Fonseca
José Luciano de Castro

Antigos Directores
José Luciano de Castro
António Baptista de Sousa (Visconde de Carnaxide)
Fernando Martins de Carvalho
Marcello Caetano

Directores-Adjuntos
António Menezes Cordeiro
Jorge Miranda
Mário Bigotte Chorão

Propriedade de JURIDIREITO – Edições Jurídicas, Lda.
Sede e Redacção: Faculdade de Direito de Lisboa – Alameda da Universidade – 1649-014 Lisboa
Editora: Edições Almedina, SA
    Rua da Estrela, n.º 6
    Telef.: 239 851 904 – Fax: 239 851 901
    3000-161 Coimbra – Portugal
    editora@almedina.net

Coordenação e revisão: Veloso da Cunha
Execução gráfica: G.C. – Gráfica de Coimbra, Lda.
    Rua do Progresso, 13 – Palheira
    3040-692 Assafarge
    Telef.: 239 802 450 – Fax: 239 802 459
    producao@graficadecoimbra.pt
Depósito legal: 254088/07

António Menezes Cordeiro
catedrático da FDL

Contratos públicos:
*subsídios para a dogmática administrativa,
com exemplo no princípio
do equilíbrio financeiro*

ALMEDINA

Ao Prof. Doutor Jorge Miranda

ÍNDICE

I. INTRODUÇÃO

1. O objecto do presente estudo 9

II. A AUTONOMIA DO DIREITO PÚBLICO

2. De Ulpiano aos modernos Estados pós-liberais 11
3. As teorias materiais 13
4. As teorias do sujeito 16
5. A experiência portuguesa 18
6. A especialização sistemática 24
7. A aplicação subsidiária do Direito civil 29

III. OS CONTRATOS PÚBLICOS: ORIGEM E EVOLUÇÃO

8. A tradição alemã 31
9. A tradição francesa 33
10. A experiência portuguesa: até ao Código de 1940 35
11. Segue; o alargamento subsequente 38

IV. OS CONTRATOS PÚBLICOS NO DIREITO PORTUGUÊS VIGENTE

12. A evolução estatutária 43
13. O conceito material de contrato público 47
14. Síntese 49

V. DA ALTERAÇÃO DAS CIRCUNSTÂNCIAS EM GERAL

   A – *Evolução*

15. Generalidades; evolução até à base do negócio 51
16. A experiência portuguesa 58
17. A "base do negócio" 60

B – A concorrência de outros institutos

18. A teoria do risco	63
19. A protecção da confiança	64
20. A interpretação contratual; cláusulas de *hardship*	65
21. A natureza subsidiária da alteração das circunstâncias	67

C – A codificação da alteração das circunstâncias

22. A reforma alemã de 2001/2002	70
23. A interpretação do artigo 437.º/1 do Código Civil; a "base do negócio"	73
24. A anormalidade e o dano; a "boa fé"	75
25. A ultrapassagem dos riscos do contrato	77

VI. ALTERAÇÕES DE CIRCUNSTÂNCIAS E CONTRATOS PÚBLICOS

26. Generalidades	79
27. A experiência alemã: da cláusula *rebus* à "base da Administração"	80
28. A experiência francesa: imprevisão e mutabilidade	83
29. A dupla recepção em Portugal: equilíbrio financeiro e boa fé	85
30. O equilíbrio financeiro	89

VII. BOA FÉ E CONFIANÇA PERANTE O ESTADO

31. A tutela da confiança	91
32. O problema no Direito público	94
33. A evolução recente e o Direito português	99
34. A concretização da confiança; síntese com os elementos tradicionais	102

VIII. A RECONSTRUÇÃO DINÂMICA DO EQUILÍBRIO FINANCEIRO

35. Contratos públicos e confiança	105
36. As cláusulas específicas de alteração das circunstâncias; a sua natureza	106
37. As alterações que caiam fora do âmbito das cláusulas	108
38. As alterações que superem, no interior, as cláusulas	108
39. Alterações causadas pelo Estado	109
40. A exclusão dos riscos próprios do contrato	110
41. *Corporate governance* e equilíbrio público	111

Índice de jurisprudência	113
Índice onomástico	117
Índice bibliográfico	123
Índice ideográfico	135

I. INTRODUÇÃO

1. *O objecto do presente estudo*

I. A divulgação recente de um anteprojecto do Código da Contratação Pública[1] constitui um ensejo excelente para estudar a dogmática administrativa dos contratos públicos. O tema transcende, todavia, mais essa demonstração da insondável prolixidade do nosso legislador. Estamos, com efeito, numa área nuclear do ordenamento: o da constituição, *ex voluntate*, de relações jurídicas, no campo próprio do Direito público[2]. Admitido o processo: quais os seus grandes vectores? E como lida, hoje e na nossa Terra, a Ciência Jurídica, particularmente nas suas vertentes administrativas?

II. Na sua sede, o problema é simples. Admitir a figura do contrato público equivale a introduzir, no Direito administrativo, a autonomia privada e, logo, a livre vontade das pessoas[3]. De outra forma, melhor será abandonar, na área, o termo "contrato". "Autonomia privada" é, por definição, ausência de constrangimentos externos. Tal ausência não equivale a uma lacuna regulativa. O Direito sempre dirá[4]:
– como se negoceia;
– quando há consenso;
– como se interpreta;
– quais os níveis e as consequências de eventuais invalidades;
– quais os limites de qualquer vinculação.

---

[1] Posto, neste momento, à discussão pública.
[2] Adiantaremos que o contrato público é aquele que se submete a uma disciplina de Direito público: AFONSO D'OLIVEIRA MARTINS, *Para um conceito de contrato público*, Estudos em Homenagem ao Professor Doutor Inocêncio Galvão Telles, V – *Direito público e vária* (2003), 477-493 (481) e, em última análise, HARALD EBERHARD, *Der verwaltungsrechtliche Vertrag* (2005), 17-18, como exemplos.
[3] Trata-se de uma matéria cujo relevo se adivinha e que tem muitas implicações ainda por esclarecer. Por último: HEINRICH AMADEUS WOLF, *Die Willensfreiheit und die Grundrechte*, JZ 2006, 925-930.
[4] De resto, é sobre estas áreas que incide o essencial do anteprojecto do Código da Contratação Pública.

Tudo isso tem um regime há muito conquistado e em permanente aperfeiçoamento. Não faz sentido, num ordenamento considerado, multiplicar os sistemas de exposição ou as terminologias uma vez que os valores são os mesmos. A existência de vários tipos contratuais – a tratar-se de contratos – não põe em causa os quadros gerais da autonomia privada.

III. Os contratos públicos exprimem, todavia e ainda, uma certa especialidade, advinda da sua sujeição à Ciência jurídico-administrativa. Esta tem, entre nós, um percurso não-coincidente com o civil. Basta ver: enquanto o Direito civil se emancipou, há mais de um século, do modelo napoleónico, o Direito público fá-lo-ia, apenas – e parcialmente – nas duas últimas décadas. A pertença a modelos não prejudica a sua identidade nacional. Mas empresta-lhes uma linguagem própria e técnicas autónomas de concretização, que podem ser fonte de distorções e de equívocos. Além disso, o modelo tecnicamente superior tende, de imediato, a sindicar o outro, permitindo, se tudo for bem manuseado, novos progressos. Um dos aspectos mais marcantes deste processo inexorável, no campo dos contratos públicos seria, justamente, o *requiem* pelo contrato administrativo[5]. A tendência iria no sentido de toda a contratação pública (administrativa ou privada) seguir as mesmas regras. No entanto e como veremos, a síntese nacional acabaria por ditar um *requiem* limitado à identificação processual contrato administrativo/contencioso administrativo.

IV. A germanização da Ciência jurídico-administrativa é um fenómeno recente ainda em curso. Tal como sucedeu um século antes com o Direito civil, essa germanização é conduzida por autores que, por vezes, nem têm consciência do fenómeno.

Pois bem: a sua apreensão e as consequências desta larga transposição jurídico-científica constituem um banco de ensaio muito interessante: teórica e praticamente. Vamos estudá-lo na base do instituto da alteração das circunstâncias conhecido, no Direito público, como "teoria da imprevisão" ou "princípio do equilíbrio financeiro" e, no Direito privado, como "base do negócio" ou – preferencialmente – apenas como "alteração das circunstâncias". Previamente, faremos o ponto da situação sobre a contraposição milenária entre o Direito público e o privado e sobre a natureza da contratação pública: a determinar historicamente.

---

[5] O mérito da expressão e da ideia cabem a MARIA JOÃO ESTORNINHO, *Requiem pelo contrato administrativo* (1990; uma primeira versão data de 1988), especialmente 151 ss. e *Contratos da administração pública (esboço de autonomização curricular)* (1999), *maxime* 41. Desta Autora, referimos ainda a obra *Direito europeu dos contratos públicos* (2006), 518 pp.: um escrito que, por razões de natureza académica, não poderá ser tido em conta no presente estudo.

II. A AUTONOMIA DO DIREITO PÚBLICO

2. *De Ulpiano aos modernos Estados pós-liberais*

I. A referência ao Direito público, contraposto ao privado, é romana. Recordamos Ulpiano, que se reporta à Ciência do Direito nos seguintes termos[6]:

> No seu estudo há duas posições: público e privado. O Direito público é o que respeita ao Estado dos assuntos romanos; o privado, ao interesse dos particulares. Há, com efeito, quer interesse público, quer interesse privado: o público consiste nas coisas santas, nos sacerdotes e nos magistrados; o privado é tripartido: provém ou dos preceitos naturais, ou das gentes ou do civil.

O texto de Ulpiano pressupõe uma terminologia diferente da nossa. Os "preceitos naturais" e os "das gentes" pertencem, hoje, a todo o Direito, transcendendo o público/privado. Mas contém, em embrião, o cerne da contraposição.

II. Na evolução posterior, as normas relativas a "coisas santas", "sacerdotes" e "magistrados" perderam actualidade. O cristianismo e a queda do Império do Ocidente apenas permitiram conservar rudimentos do Direito privado. Este, através das universidades e das subsequentes recepções do Direito romano, ressurgiria na Europa da baixa Idade Média, mantendo-se até aos nossos dias: *non ratione imperii sed rationis imperio*. Quanto ao Direito público: ficou disponível para albergar o nível jurídico requerido pelos modernos Estados nacionais.

---

[6] D. 1.1.2. Outras fontes romanas podem ser confrontadas no nosso *Tratado de Direito civil* I/1, 3.ª ed. (2005), 31 ss. e no também nosso *Do Direito privado como Direito comum português*, O Direito 2005, 9-36 (10-12), o qual equivale a uma primeira versão do escrito do mesmo nome e que se destina aos *Estudos em Homenagem ao Professor Doutor Ruy de Albuquerque*.

III. Em termos esquemáticos, poderemos tipificar a implantação e o desenvolvimento do novo Direito público nas seguintes fases[7]:

- consolidação do Estado: a afirmação do poder da Coroa, organizando os países da expansão e, depois, todos os restantes: o Direito público ressurge, visando normalizar as dimensões presentes;
- a contenção do Estado: o liberalismo procura limitar o poder; surgem jurisdições, técnicas e justificações públicas diferenciadas;
- o adensamento social: o liberalismo avançado e o pós-liberalismo conduziram a um Direito público sensível à pessoa e aos temas sociais, numa aproximação crescente ao Direito privado.

Esta sucessão de fases permite detectar um fundo comum, ligado ao Estado e ao que ele represente.

IV. Não faltaram, no termo da evolução, afirmações negativistas. Desde logo por parte de leituras sócio-comunitárias do jurídico: fenómenos diversos levariam a uma interpenetração de normas e institutos que tornariam problemática qualquer distinção[8]. Também um tecnicismo normativo questiona a clivagem público/privado: afinal, há institutos naturalmente públicos no seio do Direito privado e privados, no público[9]. E por último: a negação do Direito privado foi historicamente levada a cabo por tendências totalitárias, inconciliáveis com uma esfera de não ingerência estatal[10].

---

[7] Apoiamo-nos, especialmente, em MICHAEL STOLLEIS, *Geschichte des öffentlichen Rechts in Deutschland*, I – *Reichpublizistik und Poliseywissenschaft 1600-1800* (1988), II – *Staatsrechtlehre und Verwaltungswissenschaft 1800-1914* (1942) e III – *Status- und Verwaltungswissenschaft in Republik und Diktatur 1914-1945* (1999) e em MARTIN BULLINGER, *Öffentliches Recht und Privatrecht* (1968) e *Öffentliches Recht und Privatrecht in Geschichte und Gegenwart*, FS Rittner 1991, 69-71.
Pelo prisma francês, bastante mais simples, refira-se FRANÇOIS BURDEAUX, *Histoire du droit administratif: de la Révolution au début des années 1970* (1995), especialmente 29 ss. (fim do Antigo Regime), 89 ss. (individualização à roda de 1830) e 199 ss. (florescimento).

[8] FRANZ BYDLINSKI, *Kriterien und Sinn der Unterscheidung von Privatrecht und öffentlichen Recht*, AcP 194 (1994), 319-351 (347), reportando a noção política das ideias e WOLFGANG HOFFMANN--RIEM, *Modernisierung von Recht und Justiz/Eine Herausforderung des Gewährleistungstaates* (2001), 83 ss., sublinhando o nivelamento imposto às normas pelo Estado social. A negação da contraposição animou os primeiros estudos de Direito do trabalho: hoje reconhecido, de modo pacífico, como Direito privado.

[9] Desde logo o clássico: HANS KELSEN, *Zur Lehre vom öffentlichen Rechtsgeschäft*, AöR 31 (1913), 53-98 e 190-249.

[10] *Vide* o caso da ex-RDA: BULLINGER, FS Rittner cit., 69, nota 1.

II. A autonomia do Direito público

Tomamos a contraposição entre o Direito público e o privado como algo de existencial. A sua manutenção, ainda que com diferentes conteúdos, por dois milénios corresponderá, no mínimo, à presença irrecusável de níveis de autonomia e níveis de autoridade, nas sociedades humanas organizadas. Já as projecções técnico-jurídicas subsequentes serão mais fluídas.

3. As teorias materiais

I. A contraposição entre o Direito público e o Direito privado dá azo a doutrinas distintas[11]. Todas elas são úteis, mesmo quando insustentáveis: contribuem para esclarecer a contraposição. Vamos abandonar a arrumação tradicional[12] distinguindo simplesmente dois grandes corpos ou grupos de teorias[13]:

– as teorias materiais;
– as teorias do sujeito.

As primeiras assentam a separação na diversa natureza das próprias regras em si; as segundas dirigem um apelo primordial ao tipo de sujeito da relação ou da situação jurídica. Claro: a norma materialmente pública será encabeçada por um sujeito público e inversamente. Todavia, o ponto de partida é importante, sobretudo quando se abandone o campo do Estado Central.

---

[11] Temos em conta duas monografias: MARTIN BULLINGER, *Öffentliches Recht und Privatrecht/Studien über Sinn und Funktionen der Unterscheidung* (1968), 116 pp. e DETLEF SCHMIDT, *Die Unterscheidung von privatem und öffentlichem Recht* (1985), 341 pp., bem como dois artigos especializados: LUDWIG RENCK, *Über die Unterscheidung zwischen öffentlichem und privatem Recht*, JuS 1986, 268-272 (269 ss.) e JÖRN IPSEN/THORSTEN KOCH, *Öffentliches Recht und Privatrecht/Abgrenzungsprobleme bei der Benutzung öffentlicher Einrichtungen*, JuS 1992, 809-816 (810 ss.); toda esta problemática vem sendo especialmente desenvolvida pelos publicistas, constando, em particular, dos manuais e tratados de Direito administrativo. Bem se compreende: pela sua relativa novidade e pela sua natureza especializada, cabe ao Direito administrativo o ónus da diferenciação.
[12] Nós próprios adoptámos essa arrumação na segunda edição do nosso *Tratado de Direito civil* I/1 (2000), 29 ss.. Modificámos tal orientação na 3.ª ed. dessa mesma obra (2005); vide, aí, 36 ss..
[13] Em moldes próximos: DETLEF SCHMIDT, *Die Unterscheidung von privatem und öffentlichem Recht* cit., 81 ss..

II. As teorias materiais abrangem[14]:

- a teoria do interesse;
- a teoria da importância;
- a teoria da subordinação;
- a teoria da soberania;
- a teoria da tradição.

A teoria do interesse faz apelo ao texto de Ulpiano, já transcrito em português: *publicum ius est quod ad statum rei Romanae spectat, privatum quod ad singulorum utilitatem*. No Direito privado caem os interesses dos particulares enquanto, por simetria, o Direito público proporcionaria o interesse público[15]. Fica subjacente: o interesse público respeitaria a uma generalidade de pessoas, podendo concretamente exigir o sacrifício dos particulares. A teoria faz sentido, pelo ângulo do Direito público: este, a ser caracterizado como um corpo normativo ao serviço do Estado e tendencialmente vocacionado para limitar a autonomia privada – pense-se no Direito fiscal ou no Direito público do urbanismo – só pode mesmo justificar-se pelo interesse público. Pelo prisma do Direito civil, porém, não é assim. Desde o antigo Direito romano há a clara percepção da presença de regras civis que, por estarem ao serviço do interesse comum, não podem ser afastadas pelos particulares. Estas regras são civis pela origem, pelos institutos em que se integram e pelo modo por que são aplicadas: outros tantos critérios que se sobrepõem ao do interesse público. Além desta objecção, o moderno Direito administrativo faculta outra: ao contrário dos inícios, sempre carecidos de legitimação, encontramos hoje direitos subjectivos públicos que, imediatamente, tutelam interesses particulares.

Finalmente: a teoria do interesse é, toda ela, francamente apriorística e, quiçá: *naïf*. Teríamos de definir criteriosamente a noção de "interesse"[16] e que

---

[14] Embora não indiquem todas estas teorias passamos a referir: KARL LARENZ/MANFRED WOLF, *Allgemeiner Teil des Bürgerlichen Rechts*, 9.ª ed. (2004), 5 ss., HARTMUT MAURER, *Allgemeines Verwaltungsrecht*, 13.ª ed. (2000), 45 ss., HANS PETER BULL, *Allgemeines Verwaltungsrecht/Ein Lehrbuch*, 6.ª ed. (2000), 47 ss. e DIRK EHLERS, em PETER BADURA/MARTIN BURGI/DIRK EHLERS/ /HANS-UWE ERICHSEN/FRITZ OSSENBÜHL/HANS-JÜRGEN PAPIER/WOLFGANG RÜFNER, *Allgemeines Verwaltungsrecht*, 12.ª ed. (2002), 38 ss..

[15] Em especial, DETLEF SCHMIDT, *Die Unterscheidung* cit., 83 ss..

[16] Trata-se de uma tarefa tradicionalmente enfrentada a propósito do conceito de direito subjectivo mas que hoje é estudada no campo do Direito das sociedades, particularmente quando se fale no interesse dos sócios ou no da empresa.

fixar as suas modalidades "pública" e "privada". Mesmo sem aprofundamento, não é discutível que o respeito pelos particulares seja inevitável para a preservação da comunidade: para o interesse público. Por outro lado, a tutela conveniente do interesse público acautela, em última instância, a posição de cada cidadão. Todo o Direito visa, sempre, o ser humano.

No fundo, a teoria do interesse recorda-nos que o Direito público requer um *plus* de legitimação. Não vale por si, como o privado[17].

III. A teoria da importância, sempre subliminar mas formalizada, apenas, por Püttner[18], sustenta que o Direito público corresponde a um sector mais ponderoso do que o privado: prevalece, sobre ele, havendo concurso[19]. No fundo, temos uma versão mais assumida da teoria do interesse, a qual tem, subjacente, a ideia de que o interesse público suplanta o privado. Mas se assim se pensa, haveria que dizê-lo, em vez de recorrer à perífrase do "interesse público". Quanto à crítica: a prevalência do Direito público – que não é absoluta e que requer, por vezes, condicionalismos específicos[20] – é consequência da especial natureza desse sector normativo: não é causa. Procuramos, agora, tal natureza, natureza essa que a particular importância do Direito público não nos pode, à partida, dar.

IV. A teoria da subordinação afiança que, no Direito público, as relações jurídicas se pautam pela superioridade de uma das partes sobre a outra; no Direito privado, os participantes estão, pelo contrário, em pé de igualdade. Também esta teoria tem uma evidente parcela de verdade: o Direito privado é marcado pela igualdade, enquanto, no Direito público, domina um vector de autoridade. Todavia, na base, encontramos situações igualitárias no Direito público e posições de autoridade, no Direito privado[21]: bastará, quanto a estas últimas, pensar nos Direitos potestativos[22] e, quanto às primeiras, no Direito internacional público.

---

[17] P. ex.: o direito à vida ou a autonomia privada valem como tais: apenas por haver uma pessoa; já um imposto ou uma expropriação só valem por prosseguirem um objectivo "público" e na medida em que o façam.
[18] GÜNTER PÜTTNER, *Allgemeines Verwaltungsrecht*, 5.ª ed. (1979), 72 ss. (78).
[19] Cf. MAURER, *Allgemeines Verwaltungsrecht*, 13.ª ed. cit., 47.
[20] P. ex.: a expropriação por utilidade pública é possível, sacrificando o direito de propriedade dos particulares atingidos; mas só é lícita havendo justa indemnização; cf. o artigo 62.º/2, da Constituição.
[21] LARENZ/WOLF, *Allgemeiner Teil*, 9.ª ed. cit., 5.
[22] Direitos que permitem a uma pessoa, unilateralmente, modificar a situação jurídica de outra, a qual se encontrará, assim, numa sujeição.

V. A teoria da soberania[23] parte da ideia subjacente à da subordinação, mas procurando ir mais longe, de modo a contornar as críticas a ela formuladas. O Direito público funcionaria como um Direito especial, portador de autoridade. Mas não se esgotaria nas concretas normas que comportassem os inerentes poderes: haveria que prever regras de legitimação – que apelam para a soberania – e normas de conflito. Ocorre, aqui, um trânsito para o pensamento sistemático, que deve ser retido. Quanto à crítica: tentando captar o Direito público, a teoria da soberania descura, um tanto, o Direito privado.

VI. A teoria da tradição constata que, na base de diversas orientações historicamente datadas, certas regras vêm a ser consideradas de Direito público: outras de Direito privado. Na prática corrente, acolhem-se como de Direito público os institutos que, como tal, já eram considerados. Apenas perante elementos supervenientes ponderosos se poderia proceder a uma requalificação das normas em presença[24]. A teoria da tradição é muito funcional e realista.

De facto, boa parte da conformação das fronteiras público-privadas é de índole histórico-cultural. A natureza sistemática da Ciência do Direito europeia continental obriga, porém, a um esforço suplementar de explicação jurídico-científica.

4. *As teorias do sujeito*

I. Também as teorias do sujeito reivindicam raízes romanas. À partida, Ulpiano apresentava o Direito público como aquele *quod ad statum rei Romanae spectat*. Com efeito, todas essas teorias andam em torno da especialidade que representa a presença de um corpo de regras destinadas a regular o Estado e os vários organismos públicos. Isto dito, encontramos diversas formulações:

– teoria do sujeito formal;
– teoria do sujeito material;

---

[23] Apresentada por MANFRED ZULEEG, *Die Anwendungsbereiche des öffentlichen Rechts und des Privatrechts*, VwA 73 (1982), 384-404 (386 ss., 393 ss., 404).
[24] HANS PETER BULL, *Allgemeines Verwaltungsrecht*, 6.ª ed. cit., 54 e MAURER, *Allgemeines Verwaltungsrecht*, 13.ª ed. cit., 47.

- teoria da ordenação;
- teoria da competência;
- teoria da gestão pública;
- teoria do Direito especial.

A teoria do sujeito formal considera o Direito público como o Direito do Estado ou, em rigor, também de outros organismos públicos. Faz sentido. Contrapôs-se-lhe, porém, que, hoje, o Estado pode agir como um simples sujeito privado: comprando, vendendo, arrendando e assim por diante[25]. Não bastaria apelar ao Estado: teria de ser o Estado com um *plus* distintivo, que cumpre descobrir. Passa-se, assim, à teoria do sujeito material: haveria, no Direito público, uma actuação do Estado enquanto Estado, isto é: dotado dos seus atributos próprios[26]. Transitar-se-ia, por aqui, para as teorias materiais, com os óbices acima apontados. E designadamente: quais os atributos relevantes e qual a frequência da sua manifestação?

II. A teoria da ordenação[27] vê, no Direito público, um corpo especial de regras. Mais precisamente um "... conjunto de normas jurídicas que só legitimam ou obrigam os sujeitos de direito que se determinem exclusivamente através de normas ou de actos do Estado ..."[28]. Esta teoria aproxima-se das teorias institucionais, que retêm, no Direito público, um corpo especial de regras destinadas a legitimar a actuação do Estado e dos organismos públicos: uma versão modificada da teoria do sujeito[29]. Merece ser retida. Na sua formulação surge, porém, restritiva, particularmente pela ideia de "exclusividade". Esta não tem, hoje, absoluta consistência.

III. A teoria da competência sustenta que, no Direito privado, todos são competentes para agir (*Jedermannkompetenz*). Já no Direito público, apenas

---

[25] Não é tão simples: mesmo quando actue em termos puramente privados, o Estado não deixa de o ser: "contamina" quanto faz. A "fuga para o Direito privado" veio activar uma autoconsciência publicística, ciente da necessidade de manter o Estado sob regras específicas. Cf. MARIA JOÃO ESTORNINHO, *A fuga para o Direito privado/Contributo para o estudo da actividade do Direito privado da Administração Pública* (1996, reimp., 1999), 159 ss. e *passim*.
[26] EHLERS, em BADURA e outros, *Allgemeines Verwaltungsrecht*, 12.ª ed. cit., 40 ss. (43).
[27] Apresentada por HANS J. WOLFF, *Der Unterschied zwischen öffentlichem und privatem Recht*, AöR 76 (1950), 205-217.
[28] *Idem*, 210.
[29] Vide MAURER, *Allgemeines Verwaltungsrecht*, 13.ª ed. cit., 45.

o poderiam fazer as pessoas indicadas por uma norma de legitimação[30]. O progresso técnico-jurídico parece-nos evidente. Mas a assim ser, haveria que ir um pouco mais longe, apontando critérios materiais de competência.

Esse o passo que intentou dar a teoria da gestão pública. Segundo Achterberg, o Direito público seria a soma das normas relativas a relações nas quais um dos sujeitos, na base de uma situação legitimadora, actuaria como gestor (*Sachwalter*) do bem comum[31]. Não parece possível, em cada norma pública, descobrir essa valia do bem comum, no plano da actuação do Estado. Também teríamos de definir o "bem comum": tal como o "interesse comum", ele comporta um nível apriorístico que, todavia, não pode ser dogmatizado sem largos estudos complementares.

IV. Finalmente, temos as teorias do Direito especial, hoje dominantes[32]: o Direito privado constituiria a base aplicável a todos os sujeitos[33]; o Direito público diferenciar-se-ia pela sua especificidade, funcionando apenas perante determinadas ocorrências ou em face de entidades especialmente legitimadas, por lei, para usar as inerentes prerrogativas.

5. *A experiência portuguesa*

I. Passando à realidade nacional, vamos considerar os elementos subsequentes a Pascoal de Mello (1738-1798)[34]. Anteriormente, era comum a utilização da fórmula justinianeia *duae sunt positionis*.

Nas suas *Institutiones Juris Civilis Lusitani cum publici tum privati*[35], em 5 livros (1789 a 1794), Pascoal de Mello considera o conjunto do Direito por-

---

[30] ALFONS GERN, *Neuansatz der Unterscheidung des öffentlichen Rechts vom Privatrecht*, ZRP 1985, 56-61 (60/I).

[31] NORBERT ACHTERBERG, *Allgemeines Verwaltungsrecht/Ein Lehrbuch*, 2.ª ed (1986), 8 ss. (14).

[32] LARENZ/WOLF, *Allgemeiner Teil*, 9.ª ed. cit., 7, e DIETER LEIPOLD, *BGB I/Einführung und Allgemeiner Teil*, 3.ª ed. (2004), 7.

[33] Não dependendo, pois, da pertença a uma categoria particular de entidades devidamente habilitadas: BERND RÜTHERS/ASTRID STADLER, *Allgemeiner Teil des BGB*, 13.ª ed. (2003), 2.

[34] Recorde-se JOHANN GOTTLIEB HEINECCIUS (HEINECKE) (1681-1741), *Institutiones juris civilis*, sucessivamente reeditado em Coimbra; assim, na ed. de JO. WALDECK (1814, reed. 1887), 12. Quanto à escassez de elementos relativos ao estudo da Administração Pública antes de POMBAL: RUI MANUEL DE FIGUEIREDO MARCOS, *História da Administração Pública/Relatório* (2006), 13 ss..

[35] Publicadas, em tradução portuguesa de MIGUEL PINTO DE MENESES, no BMJ, sob o título *Instituições de Direito Civil Português/tanto público como particular*. Mais precisamente: BMJ 161

tuguês como Direito civil. E dentro do Direito civil, haveria que distinguir o Direito público e o privado. O Direito público[36]:

> (...) respeita à sociedade em geral, e determina os direitos dos imperantes e dos cidadãos.

O conspecto geral da matéria considerada "Direito público", por Pascoal de Mello, resulta das rubricas por ele aí tratadas. São elas, seguindo a ordenação dos títulos do livro dedicado ao Direito público: I – Das leis; II – Dos juízos; III – Do direito de punir; IV – Do erário e do fisco; V – Do direito do príncipe nas coisas sagradas; VI – Dos asilos; VII – Das leis agrárias; VIII – Do comércio; IX – Das leis náuticas; X – Do direito de polícia; XI – Do direito militar; XII – Dos direitos e deveres dos cidadãos.

O Direito privado ou particular, que Mello não chega a definir, é o que abrange, ao jeito de Justiniano, as pessoas, as coisas e as acções[37]. Assiste-se, nestes termos actualizados à época, a uma reaplicação da velha contraposição de Papiniano, segundo a qual, no Direito civil, haveria que distinguir o Direito público, cogente e, como tal, não sensível à autonomia privada e o Direito particular, supletivo e que as partes poderiam modelar com os seus negócios.

Esta orientação é retomada em Lobão (1744-1817), embora complicada pela articulação com as classificações do Estatuto da Universidade[38]. Assim distingue no Direito público o universal e o particular subdividindo-se este em Direito público civil e em eclesiástico. O Direito pátrio divide-se, por seu turno, em público e em particular.

(1966), 89-200, 162 (1967), 31-139 (*Livro I – Direito Público*), 163 (1967), 5-123 e 164 (1967), 17-147 (*Livro II – Do Direito das Pessoas*), 165 (1967), 39-156 e 166 (1967), 45-180 (*Livro III – Dos Direitos das Coisas*) e 168 (1967), 27-165, 170 (1967), 89-134 e 171 (1967), 69-168 (*Livro IV – Das Obrigações e Acções*) e *História do Direito Civil Português*, BMJ 173 (1968), 45-108, 174 (1968), 5-60 e 175 (1968), 45-108, 174 (1968), 5-60 e 175 (1968), 45-109. O BMJ ordenou a publicação segundo uma sequência inversa em relação à de PASCOAL DE MELLO a qual tinha um alcance substancial. Lamentavelmente, não se indicam as edições sobre que trabalhou o tradutor.

[36] BMJ 161, 94.
[37] BMJ 163, 10.
[38] LOBÃO – aliás: MANOEL DE ALMEIDA E SOUZA – *Notas de uso pratico, e criticas: addições, illustrações, e remissões. (Á imitação das de Muler a Struvio) Sobre todos os Titulos, e todos os §§. do Liv. primeiro das Instituições do Direito Civil Lusitano do Doutor Paschoal José de Mello Freire*, Parte I (1816), 6 ss..

Na base destes Autores, parece-nos clara uma tradição nacional favorável ao critério do objecto. E essa mesma tradição era muito clara no sentido de apontar o Direito civil como o grande tronco jurídico nacional do qual emergia o próprio Direito público.

II. Para os clássicos civilistas do século XIX, foi-se estabelecendo uma diferenciação entre o Direito civil e o Direito público. Ela surgiu em termos de evidência na qual não parecia necessário insistir. Borges Carneiro (1774--1833), na *prefação* que abria a sua obra, limitava-se a dizer[39]:

> Pelo titulo *Direito Civil* eu intento excluir desta obra 1.º o Direito Publico, 2.º o Criminal, 3.º o que pertence á competencia e á ordem do juizo, que os Francezes incluem em hum *Codigo de Processo*. Com tudo alguma cousa toco daquellas materias, quando ellas tem relação immediata com o *Jus privatum*, ou com os interesses individuaes dos Cidadãos.

Caberia a Liz Teixeira manter viva a tradição de uma contraposição material entre o Direito público e o Direito privado. Eis as suas palavras[40]:

> Nutre um delles tudo o que diz respeito á organização da massa ou corpo d'uma Nação; as individualidades só remotamente são por elle consideradas. É chamado por isso Direito Publico ou Politico.
> O outro ramo introduz-se por todas as relações, que se dão entre os membros da mesma Nação para seus interesses particulares; attende em immediato ás individualidades, á associação em remoto. Chama-se por isso Direito Particular – *Jus Privatum* – e Direito civil em menos larga, ou mais estreita acepção.

Liz Teixeira, liberal, dava já um estatuto mais elevado ao Direito público: influência provável dos administrativistas franceses.

Corrêa Telles (1780-1849) apresenta o seu *Digesto Portuguez* como sendo uma obra destinada a colmatar a falta de um Código Civil, sem preocupações de o isolar do Direito público[41].

---

[39] Manuel Borges Carneiro, *Direito Civil de Portugal*, vol. 1.º (1826), I.
[40] António Ribeiro de Liz Teixeira, *Curso de Direito Civil Portuguez ou commentario às instituições do Sr. Paschoal de Mello Freire sobre o mesmo Direito* (1848), vol. I, 2.ª ed., 5-6; a 1.ª ed. é de 1845 e existe uma 3.ª, de 1856.
[41] J. H. Corrêa Telles, *Digesto Portuguez ou tratado dos direitos e obrigações civis accomodado ás leis e costumes da Nação Portugueza para servir de subsidio ao "Novo Codigo Civil"* (1909 = 3.ª ed., 1849), 3-5.

Uma efectiva ordenação de conceitos ocorre em Coelho da Rocha (1793--1850). Também este Autor aborda o tema pelo prisma do objecto: o Direito público regula as relações dos cidadãos de cada nação com o seu governo, enquanto o Direito particular ou civil se ocupa dos direitos e obrigações respectivos dos cidadãos uns para com os outros[42].

Para encontrar uma contraposição apoiada entre ele e o Direito privado, há que recorrer aos primeiros estudiosos do moderno Direito público.

III. O liberalismo veio dar importância ao Direito administrativo, recém-criado como disciplina reformadora do Estado e da Administração. Na reforma setembrista de 1833, que instituiu a Faculdade de Direito fundindo as anteriores Faculdades de Leis e de Cânones, chegou a pensar-se no estabelecimento de duas classes: a de Direito civil e a de Direito administrativo: sem seguimento[43]. Esta experiência inicial é importante: boa parte da evolução ulterior do Direito público foi pautada por iniciativas de tipo organizativo do ensino.

Em 1844 foi criada, no 5.º ano jurídico, uma disciplina de *Direito Criminal e Administrativo*. Solução imperfeita, tomada apenas por razões orçamentais: poupar uma cadeira. Apenas em 1853 foi criado o *Direito Administrativo Português e Princípios de Administração*. Foi ainda instituído um *Curso Administrativo*, em três anos, paralelo ao de Direito e que não teve futuro[44].

As referências ao Direito público foram-se enriquecendo, à medida que o liberalismo dotava o Estado de um moderno Direito administrativo[45].

---

[42] M. A. COELHO DA ROCHA, *Instituições de Direito Civil Portuguez*, 8.ª ed. póstuma (1917 = 3.ª ed., 1846), § 30 (1, 13).

[43] PAULO MERÊA, *Como nasceu a Faculdade de Direito*, BFD Supl. XV/Homenagem ao Doutor José Alberto dos Reis, I (1961), 151-168 (152, nota 2). A História da criação do Direito administrativo e do seu ensino, em Portugal, pode em especial ser confrontada em A. L. GUIMARÃES PEDROSA, *Curso de Sciencia da Administração e Direito Administrativo/Introducção e parte geral* (com um *appendice sobre contencioso administrativo*), 1.ª ed. (1904), 6 ss..

[44] Com elementos, cf. o nosso *Teoria geral do Direito civil/Relatório*, separata da RFDUL 1988, 14-16.

[45] O fenómeno é flagrante em FERDINAND MACKELDEY, *Manuel de Droit Romain, contenant la théorie des Institutes, précédée d'une Introduction a l'Étude du Droit Romain*, 3.ª ed., trad. J. BEVING (1846), que exerceu grande influência no nosso COELHO DA ROCHA. Aí, o Direito público é contraposto ao privado ao gosto das instituições (71/II); todavia, na introdução, o Direito público é apresentado como "... o conjunto dos preceitos que se reportam à constituição e à administração do Estado, isto é, as relações do poder soberano com os seus sujeitos. O *Direito privado* abrange os princípios que regulam as relações de Direito existentes entre os cidadãos como particulares".

O Direito público acabaria por receber um influxo modernizador a partir dos estudiosos franceses[46]: perdeu-se, deste modo, o que poderia ter constituído uma interessante experiência nacional.

No início, os publicistas nacionais limitaram-se a apresentar o Direito administrativo, sem especiais preocupações de integração sistemática. Assim, Justino António de Freitas definia[47]:

> Direito administrativo é a sciencia da acção e da competencia do poder central, das administrações locaes, e dos tribunaes administrativos nas suas relações com os direitos, com os interesses dos administrados, e com o interesse geral do estado.

Parece indubitável a manutenção de uma noção pelo objecto, de tipo especial.

Também Guimarães Pedrosa, ao definir o Direito administrativo como o Direito do Estado[48] ou como o conjunto de disposições de Direito público que regulem o Estado[49], se mantém nessa linha.

IV. Curiosamente, a civilística do início do século XX veio enfatizar critérios materiais, ligados ao interesse: Guilherme Moreira (1861-1922)[50] e Cabral de Moncada (1888-1974)[51]. Mas também foram acenados os critérios

---

[46] A grande obra de referência sobre toda esta matéria é a de MARIA DA GLÓRIA FERREIRA PINTO DIAS GARCIA, *Da justiça administrativa em Portugal. Sua origem e evolução* (1993), 283 ss. e passim. Cf., ainda, MARCELO REBELO DE SOUSA/ANDRÉ SALGADO DE MATOS, *Direito Administrativo Geral – I – Introdução e princípios fundamentais*, 2.ª ed. (2006), 122 ss..
[47] JUSTINO ANTÓNIO DE FREITAS, *Instituições de Direito Administrativo Portuguez*, 2.ª ed. (1861; a 1.ª ed. é de 1857), 4.
[48] A. L. GUIMARÃES PEDROSA, *Curso de Sciencia da Administração*, 1.ª ed. cit., 180.
[49] Idem, *Curso de Ciência da Administração e Direito Administrativo*/I – Introdução e parte I (*Parte geral*), 2.ª ed. (1908), e Parte II (1909), 129.
[50] GUILHERME ALVES MOREIRA, *Instituições de Direito Civil português*, 1.º vol. (1907), 7 [(...) no direito publico ha sempre, como razão dominante, o interesse colectivo do agregado (...) no direito privado é o interesse individual que constitui o fim dos actos que por elle são regulados].
[51] LUÍS CABRAL DE MONCADA, *Lições de Direito Civil*, 1.º vol., 3.ª ed. (1959), 40 = 4.ª ed. póstuma (1995), 44 [... direito privado é aquele cujas normas regulam relações em que o interesse difundido pertence *directa* e *predominantemente* aos indivíduos, como particulares (inclusive ao Estado nessa qualidade) e que o direito público é aquele cujas normas regulam relações em que o interesse defendido é *directa* e *predominantemente* da comunidade ou do Estado como um todo organizado]; o Autor considera esta contraposição como sendo "pelo sujeito".

relativos ao sujeito: Teixeira de Abreu (1865-1930)[52] e José Tavares (1873--1938)[53]. Este último critério, ainda que acompanhado pelo primeiro, veio a ser reconhecido como tecnicamente superior, ao longo do século XX, com relevo para Autores influentes, como Pires de Lima (1906-1970) e Antunes Varela (1919-2005)[54]. Paulo Cunha (1908-1986) e a escola subsequente, com relevo para Castro Mendes (1929-1983)[55], acolheram o critério do sujeito ou da sua posição. Ainda que sem um grande debate, ele veio a tornar-se dominante, na literatura actual[56].

V. Curiosamente, a publicística tem mantido uma ligação preferencial com a teoria do interesse[57]. O Direito público é apresentado como visando defender o interesse público ou colectivo[58], pelo menos em primeira linha. Tais opções tendem, contudo, a ser matizadas com a assunção da natureza histórico-cultural da distinção[59], assim se fazendo uma aproximação ao pensamento privatístico dominante.

---

[52] ANTÓNIO JOSÉ TEIXEIRA D'ABREU, *Curso de Direito Civil*, vol. 1.º, *Introducção* (1910), 14 e 15 (... direito publico determina a organização do Estado e das suas frações organicas ... e regula as suas relações com os cidadãos ... direito privado regula as relações dos cidadãos entre si ou d'estes com o Estado, e suas frações organicas, considerados como meros particulares).

[53] JOSÉ TAVARES, *Os princípios fundamentais do Direito civil*, vol. 1, *Primeira parte: Teoria geral do Direito civil*, 2.ª ed. (1929), 99 (... direito público o que determina e regula a organização do Estado e as suas relações com os indivíduos ... direito privado é o que regula as relações sociais dos indivíduos considerados como particulares ...).

[54] JOÃO DE MATOS ANTUNES VARELA, *Noções fundamentais de Direito civil/Lições do Prof. Dr. Pires de Lima ao Curso do 1.º Ano Jurídico de 1944-45*, vol. I (1945), 20 e 22.

[55] JOÃO DE CASTRO MENDES, *Direito civil (Teoria geral)*, 1.º vol. (1967), 13-15.

[56] HEINRICH EWALD HÖRSTER, *A parte geral do Código Civil português/Teoria geral do Direito civil* (1992), 32-33, LUÍS A. CARVALHO FERNANDES, *Teoria geral do Direito civil*, I – *Introdução/Pressupostos da relação jurídica*, 3.ª ed. (2001), 18-19 e RABINDRANATH CAPELO DE SOUSA, *Teoria geral do Direito civil*, vol. I (2003), 16-20.

[57] Por exemplo: MARCELLO CAETANO/DIOGO FREITAS DO AMARAL, *Manual de Direito administrativo*, 10.ª ed. (1973), 49, MARIA JOÃO ESTORNINHO, *A fuga para o Direito privado* cit., 167 e MARCELO REBELO DE SOUSA/ANDRÉ SALGADO DE MATOS, *Direito administrativo geral*, 2.ª ed., cit., 1, 56. Já AFONSO RODRIGUES QUEIRÓ, *Lições de Direito administrativo*, vol. I (1976), embora assentando na ideia de interesse público (125), acaba por se aproximar de uma orientação moderna baseada no sujeito: o Direito público regula a actividade do Estado em sentido lato, enquanto o privado se ocupa de instituições em que todos, tanto sujeitos de Direito privado como de Direito público, podem participar (129).

[58] DIOGO FREITAS DO AMARAL, *Manual de Introdução ao Direito*, vol. I, com a colaboração de RAVI AFONSO PEREIRA (2004), 252.

[59] Especialmente REBELO DE SOUSA/SALGADO DE MATOS, ob. e loc. ult. cit..

Fica-nos, todavia, uma ideia de justificação significativo-ideológica por parte do Direito público: não vale apenas por existir, como facto ontologicamente irresistível, mas, antes, por ter uma valia que o faça sobrelevar-se além do Direito comum: o referido interesse público.

VI. A contraposição entre o Direito público e o Direito privado, em termos modernos, ocupa a doutrina nacional, há mais de dois séculos: cerca de 10 gerações de juristas. É certo que muitas das referências são meramente incidentais. No entanto, elas permitem apurar um ciclo lato: a contraposição iniciou-se pela doutrina do sujeito; passou à material; voltou ao sujeito; e regressou à material, com diversos elementos de síntese.

Os apelos mais recentes são de ordem cultural e sistemática. O recuo registado nos últimos anos no campo prático do publicismo[60] e a definitiva consagração do Estado como o maior operador privado, seja no campo contratual, seja no das sociedades – e isso mau grado uma privatização global da economia, que retirou ao Estado muitos dos seus campos de acção – ocorridos nas últimas décadas, não tiveram, ainda, consequências claras na nossa doutrina.

Tudo aponta para uma manutenção do Direito público como o Direito especial, próprio de um determinado sector de actuação do Estado – o da função administrativa – bem delimitado em termos materiais e de tradição. O Direito privado será, em definitivo, o Direito comum nacional.

6. *A especialização sistemática*

I. O Direito privado – particularmente o civil – constitui o grande pano de fundo ao qual vêm aderir as diversas especializações. As relações possíveis entre os seres humanos, por iniciativa destes, são objecto do Direito privado. A organização livre da sociedade e os princípios a ela relativos são privados[61].

---

[60] Trata-se de uma situação que já havia sido reconhecida por publicistas nacionais em meados da década de 90 – cf. VASCO PEREIRA DA SILVA, *Em busca do acto administrativo perdido* (2003, reimp. ed. 1995), 103 ss. e MARIA JOÃO ESTORNINHO, *A fuga para o Direito privado* cit. (o texto remonta a 1996), 121 ss.. De então para cá, ela aumentou grandemente, em termos que justificam um repensar qualitativo do tema. *Vide*, ainda, PAULO OTERO, *Legalidade e Administração Pública/O sentido da vinculação administrativa à juridicidade* (2003), 282 ss..
[61] DETLEF SCHMIDT, *Die Unterscheidung von privatem und öffentlichem Recht* cit., 316.

O Direito privado vale por si: adere estritamente às pessoas, não carecendo de se justificar pelos fins que prossiga[62]. Finalmente: o Direito privado advém da História – designadamente do *ius romanum* –, estando menos dependente do legislador[63].

Perante isso, o Direito público – ou os Direitos públicos, já que existem ramos distintos, sendo paradigmático o Direito administrativo – surge como um Direito especial: o Direito que regula a Administração, ou as Finanças Públicas ou quaisquer outros domínios do Estado. Pode falar-se no Direito dos titulares de poderes de soberania[64], no Direito dos princípios da organização do Estado[65] ou, simplesmente, no Direito especial do Estado[66].

II. A natureza especial do Direito público é, à partida, uma construção assente no sujeito ou, pelo menos, no sujeito típico. Mas ela faculta, em simultâneo, explicações atinentes ao seu conteúdo. O Direito público, enquanto Direito especial, atenderá ao denominado interesse público, dando corpo a situações de soberania e de subordinação. No seu âmbito de aplicação, prevalece sobre o Direito privado.

As especificidades materiais do Direito público determinam-se, porém, apenas a nível do sistema. Digamos que as normas de Direito privado se integram num conjunto ordenado e no qual ganham o seu sentido pleno. E é, ainda, nesse conjunto – o sistema – que comportam uma realização, permitindo a solução de casos concretos. De igual modo, as normas de Direito público pertencem a um sistema – ou subsistema – que lhes dá o seu teor.

---

[62] BYDLINSKI, *Kriterien und Sinn der Unterscheidung von Privatrecht und öffentlichen Recht* cit., 340. Trata-se de uma ideia que remonta a SAVIGNY; cf. FRIEDRICH CARL VON SAVIGNY, *System des heutigen römischen Rechts*, 1 (1840, reimp. 1981), 20 ss. e 28 ss., o qual, de acordo, aliás, com a teoria do Estado disponível na época, intenta dar uma explicação para as múltiplas feições que ele pode apresentar.
[63] *Idem*, 341.
[64] LARENZ/WOLF, *Allgemeiner Teil*, 9.ª ed. cit., 7.
[65] DETLEF SCHMIDT, *Die Unterscheidung von privatem und öffentlichem Recht* cit., 316.
[66] IPSEN/KOCH, *Öffentliches und privates Recht* cit., 812/II e ALFONS GERN, *Neuansatz der Unterscheidung des öffentlichen Rechts vom Privatrecht* cit., 60/I. Insistimos: é essa a sua ontologia, dela derivando as suas características essenciais; não deixa de assim ser pelo facto de, ao abrigo da sua autonomia privada, os particulares poderem optar por esquemas "públicos"; quanto a esse aspecto: PAULO OTERO, *Legalidade e Administração Pública* cit., 828 ss..

III. Nesse plano do sistema, podemos considerar que[67]:

- nas situações jurídicas privadas, as actuações pautam-se pela igualdade e pela liberdade: as pessoas têm iguais poderes e podem agir sempre que não deparem com uma proibição;
- nas situações públicas, as actuações desenrolam-se segundo a autoridade e a competência: um dos intervenientes pode, unilateralmente, provocar alterações na esfera jurídica alheia e só lhe cabe actuar quando uma norma lho permita.

Esta contraposição entre situações públicas e privadas é estrutural e apresentaria um máximo de utilidade para a determinação dos regimes respectivos. Mas não pode ser sempre actuada: a figura do direito potestativo – portanto, de situações nas quais uma pessoa possa, por simples manifestação da sua vontade, alterar posições jurídicas de outrem – documenta, em zonas pacificamente reconhecidas como privadas, a erupção dos vectores da autoridade e da competência[68].

Os parâmetros da *igualdade* e da *liberdade* enformam, efectivamente, o Direito privado, permitindo distingui-lo do Direito público. Mas eles manifestam-se, apenas, a nível do sistema – ou subsistema – privado na sua globalidade e não, necessariamente, em cada situação jurídica privada em si.

A contraposição entre o Direito público e o Direito privado joga, pois, no plano sistemático: no primeiro, dominam a autoridade e a competência por oposição ao segundo, pautado pela igualdade e pela liberdade. As situações jurídicas singulares incluem-se num ou noutro dos subsistemas, em função da sua origem histórica ou em obediência a factores científicos, culturais, de contiguidade ou de mera oportunidade[69]. Tendencialmente, elas irão reproduzir as

---

[67] EUGEN KLUNZINGER, *Einführung in das bürgerliche Recht*, 12.ª ed. (2004), 2-3, WOLFGANG KALLWASS, *Privatrecht/Ein Basisbuch*, 17.ª ed. (2004), 16-17, HELMUT KÖHLER, *BGB/Allgemeiner Teil*, 28.ª ed. (2004), 6 e MANFRED LÖWISCH/DANIELA NEUMANN, *Allgemeiner Teil des BGB/Einführung und Rechtsgeschäftslehre*, 7.ª ed. (2004), 1.

[68] Um exemplo claro de direito potestativo é dado pelo instituto da servidão legal de passagem, previsto no artigo 1550.º do Código Civil: verificados os pressupostos aí referidos, o titular de um prédio encravado pode, unilateralmente, provocar o aparecimento de uma servidão de passagem, em prédio alheio. Estruturalmente, esta situação seria pública; no entanto, estamos no coração do Direito civil.

[69] Acentuando as contingências históricas que presidem à distribuição dos institutos pelos âmbitos público e privado: DIETER MEDICUS, *Allgemeiner Teil des BGB*, 9.ª ed. (2006), 6.

características do subsistema em que se integrem; em concreto, porém, isso poderá não suceder, sem que a natureza pública ou privada das situações consideradas seja afectada.

IV. A contraposição entre os Direitos público e privado vem a tornar-se mais lassa, numa tendência que se agrava perante a extraordinária produção legislativa que caracteriza as ordens jurídicas contemporâneas, a qual vem multiplicar a interpenetração entre as situações estruturalmente públicas e privadas.

Pergunta-se, assim, pela subsistência da contraposição; ciclicamente, aliás, certos sectores doutrinários vaticinam o seu desaparecimento, com ou sem substituição por outras categorias ordenadoras[70]. Particularmente visadas seriam áreas consideradas mais recentes, como o Direito do trabalho[71] ou o Direito bancário[72], onde as regras públicas e privadas se interpenetrariam. Mas sem razão: o estudo dessas disciplinas mostra que a contraposição entre o Direito público e o Direito privado assume, no seu seio, um máximo de relevância, justamente por condicionar o funcionamento concreto dos institutos.

V. A diferenciação entre o Direito público e o Direito privado surge, hoje, reforçada e aprofundada, graças às aplicações da ideia de sistema. Apuram-se, assim, novos factores de distinção, que facultam uma separação nítida em relação ao Direito público. Para efeitos expositivos, tais factores podem ordenar-se em culturais, teóricos, práticos e significativo-ideológicos.

Num *plano cultural*, o Direito privado radica na tradição românica, alicerçada em sucessivas recepções do Direito romano e coada por um desenvolvimento paulatino da Ciência jurídica que viabilizou a sua codificação. Pelo contrário, o Direito público assenta numa elaboração jusracionalista do tecido normativo, em obediência a inflexões diversas; a sua progressão científica não facultou, ainda, uma verdadeira codificação.

Num *plano teórico*, o Direito privado apresenta-se como uma regulação de relações interindividuais; correspondendo aos avanços e recuos da civilização, ele é pouco sensível a modificações bruscas, antes acompanhando a evolução da Ciência jurídica; o Direito público figura, por seu turno, o regime do relacionamento do Estado com os particulares e, ainda, certos esquemas hierarquizados de distribuição dos bens; traduzindo o devir das ideias directoras

---

[70] *Supra*, 12.
[71] Cf. o nosso *Manual de Direito do trabalho* (1994, reimp.), 62 e ss..
[72] Cf. o nosso *Manual de Direito bancário*, 3.ª ed. (2006), 99 ss..

humanas, ele comporta saltos, podendo ver modificadas, num certo espaço de tempo, muitas das suas bases fundamentais[73].

Num *plano prático*, a integração de dada problemática no campo público ou no privado faculta, de imediato, inúmeras informações sobre o seu perfil académico, literário, jurisprudencial ou profissional: é certo que a fronteira público-privada, não obstante as imprecisões que se lhe queiram apontar, determina, nos Direitos continentais, a repartição das disciplinas jurídicas, as literaturas especializadas, as jurisdições e as próprias profissões dos juristas.

Num *plano significativo-ideológico*, o Direito privado corresponde à expressão cultural mais profunda de cada sociedade[74]. Prevenindo ingerências nas esferas dos particulares, evitando intromissões arbitrárias e dando corpo a estruturas que facultem um mínimo de previsibilidade dentro do espaço jurídico--social, o Direito privado tem vindo a ser reconhecido como uma eficaz garantia da posição das pessoas e do seu espaço próprio.

VI. A contraposição entre o Direito público e o Direito privado assume, na actualidade, um sentido que resulta das considerações acima efectuadas. Não está em jogo uma fronteira estrutural absoluta, a nível de situações jurídicas singulares: estas interpenetram-se, podendo mesmo consubstanciar-se conjunções complexas, com elementos públicos e privados[75]. Mas aflora uma importante clivagem histórica, cultural e científica entre dois pólos decisivos do

---

[73] Estas afirmações documentam-se com a História e o Direito comparado. O Direito privado português apresenta uma estabilidade acentuada, que as próprias codificações de 1867 e 1966 – com excepção de pontos sensíveis como o arrendamento ou o Direito da família – não afectam em profundidade; por outro lado, tentativas de "reforma" aprofundadas, como as levadas a cabo nos antigos países socialistas do Leste europeu, de base românica, não conseguiram especificidades que lhe tivessem feito perder a identidade das origens. A esse propósito, era elucidativa a leitura do Código Civil da antiga República Democrática Alemã, de 1975, hoje revogado. As vicissitudes paralelamente ocorridas no domínio do Direito público, em função de coordenadas históricas e geográficas, não requerem maiores demonstrações.

[74] HANS-MARTIN PAWLOWSKI, *Allgemeiner Teil des BGB/Grundlehren des bürgerlichen Rechts*, 6.ª ed. (2000), 3-4, fala, a este propósito, no Direito privado como "princípio de organização".

[75] Modelos mistos surgem no domínio das obras públicas; cf. WINFRIED BROHM, *Städtebauliche Verträge zwischen privat- und öffentlichem Recht*, JZ 2000, 321-332. Pode-se, ainda, falar numa interacção entre o Direito público e o privado: EHLERS, em BADURA e outros, *Allgemeines Verwaltungsrecht*, 12.ª ed. cit., 60 ss.. O Direito público vai acusando modificações nos seus procedimentos científicos, mercê da actuação "informal" da Administração, designadamente através de esquemas privados. Cf. WILHELM HENKE, *Wandel der Dogmatik des öffentlichen Rechts*, JZ 1992, 541-548 (547) e MARIA JOÃO ESTORNINHO, *A fuga para o Direito privado* cit., 91 ss..

desenvolvimento jurídico, com as mais relevantes consequências, em todos os níveis. A sua supressão, para além de irrealista, iria empobrecer o conjunto. E no campo das ideias, convém recordar que o Direito privado, apto a regular relações interindividuais nas sociedades do mais diverso tipo, constitui, de modo experimentado e comprovado, o mais eficaz bastião de defesa da pessoa contra as arremetidas do Estado e o arbítrio dos grupos. As experiências totalitárias do conturbado século XX tentaram abdicar da contraposição público/ /privado. Não foi acaso.

VII. Se desinserirmos uma norma do sistema ou do subsistema a que pertença, a sua ordenação pública ou privada tornar-se-á impossível. E a pertença ao sistema ou subsistema considerados pode obedecer às mais diversas contingências histórico-culturais. Desde logo, a própria conformação continental entre o Direito público e o privado é mais histórica do que lógica[76]. De seguida, a inserção de qualquer relação jurídica nalguns dos sistemas ou subsistemas em presença apenas se explica, muitas vezes, no plano histórico-cultural[77].

De acordo com a lógica continental, apenas em sistema podemos apreender a realidade normativa.

7. *A aplicação subsidiária do Direito civil*

I. O Direito civil, enquanto Direito comum (ou o Direito mais comum), tem aplicação subsidiária perante os diversos ramos jurídicos. Iremos referir, agora, essa aplicação no domínio do Direito público, geralmente reconhecida pelos administrativistas[78]. Dependendo da situação lacunosa considerada e da sindicância operada através dos princípios do Direito público, o Direito civil pode ser chamado a complementar ou a integrar as mais diversas situações administrativas[79]. Podemos estar em face de institutos que o Direito público

---

[76] LUDWIG RENCK, *Über die Unterscheidung zwischen öffentlichem und privatem Recht* cit., 268/I.
[77] LARENZ/WOLF, *Allgemeiner Teil*, 9.ª ed. cit., 7.
[78] MAURER, *Allgemeines Verwaltungsrecht*, 13.ª ed. cit., 55 ss., com indicações. Na doutrina nacional, essa aplicação é admitida com imensas cautelas – cf. REBELO DE SOUSA/SALGADO DE MATOS, *Direito administrativo geral* cit., 1, 82.
[79] Como obra de referência: HEINRICH DE WALL, *Die Anwendbarkeit privatrechtlicher Vorschriften im Verwaltungsrecht* (1999, 584 pp.); este Autor examina os mais diversos institutos privados susceptíveis de aplicação no Direito público, incluindo os vários aspectos da boa fé (238 ss.), a *clausula rebus sic stantibus* (279 ss.) e a lei sobre cláusulas contratuais gerais (290 ss.).

preveja, mas não desenvolva – p. ex., a boa fé, dado o artigo 266.º/2 da Constituição[80] – ou que não refira, mas faça todo o sentido aplicar – p. ex., o enriquecimento sem causa[81]. Não há, aqui, o mínimo deslustro para o Direito público.

II. Pergunta-se qual o fundamento da aplicabilidade subsidiária do Direito civil no campo público e, particularmente, no administrativo. Têm sido invocadas duas teses[82]:

– a dos princípios gerais;
– a da analogia.

Segundo a primeira, o Direito civil daria corpo aos princípios gerais do ordenamento. Na falta de normas específicas, eles tenderiam a prevalecer. Pela segunda, o Direito civil seria chamado a depor quando regulasse um caso análogo ao carecido de regras públicas. As duas teses não se excluem: antes documentam momentos distintos do processo de realização do Direito. O recurso subsidiário ao Direito civil passa pela determinação de uma lacuna no Direito público, pelo estabelecimento da analogia e pela ponderação dos princípios.

III. Fixada a natureza especial do Direito público, a decorrência de uma relação de subsidiariedade entre ele e o Direito civil não oferece dúvidas. Mas ela é ainda reforçada no terreno. Confirma-se, também por esta via, a apontada especialidade.

---

[80] A boa fé assume já algum desenvolvimento no artigo 6.º-A do CPA, aditado pelo Decreto-Lei n.º 6/96, de 31 de Janeiro; as proposições aí patentes são civilísticas, num aspecto a que iremos regressar.
[81] Assim, HERMANN WEBER, *Beitragsrückgewähr nach irrtümlich angenommener Mitgliedschaft in Zwangsverbänden – OVG Hamburg, MDR 1968, 1036*, JuS 1970, 169-175 (170 ss.).
[82] MAURER, *Allgemeines Verwaltungsrecht*, 13.ª ed. cit., 56.

III. OS CONTRATOS PÚBLICOS: ORIGEM E EVOLUÇÃO

8. *A tradição alemã*

I. A contratação, assente na autonomia privada, é um dado básico do ser humano: dá corpo à sua esfera de liberdade, no campo jurídico[83]. Além disso e em diversas circunstâncias, ela constitui a forma mais adequada e operacional de alcançar os objectivos de qualquer das partes em presença. Assim se compreenderá que os soberanos, os poderes públicos e, mais tarde, o Estado moderno, tenham recorrido, de modo repetido, à celebração de contratos.

Tratar-se-ia, em reconstituição racional, de uma actividade contratual diferenciada apenas pelo nível das sanções.

Com o afinamento da teoria do Estado e, depois, perante a autonomização do Direito administrativo, houve que perguntar directamente pelas hipóteses de uma verdadeira actuação contratual submetida ao Direito público.

II. Na doutrina alemã dos meados do século XIX, fez a sua aparição a referência a específicos "contratos do Estado"[84] usadas, designadamente, como primeiro passo tendente à nomeação de funcionários[85]. Tais acordos assumir-se-iam como contratos públicos[86]. A partir daqui, iniciar-se-ia toda uma evolução que, antes da Constituição de Weimar (1919), deu já azo a desenvolvimentos significativos[87].

---

[83] Por todos, JOSÉ MANUEL SÉRVULO CORREIA, *Legalidade e autonomia contratual nos contratos administrativos* (1987), 465.
[84] FRIEDRICH SCHMITTHENNER, *Grundlinien des allgemeinen oder idealen Staatsrechtes* (1845), 316.
[85] Portanto: antes do decreto de nomeação de um funcionário, as condições seriam ajustadas, por via contratual, entre este e o Estado: SCHMITTHENNER, *Grundlinien* cit., 498 ss..
[86] MAX SEYDEL, *Grundzüge einer allgemeiner Staatslehre* (1873), 19.
[87] Quanto à evolução dos contratos públicos, as actuais obras de referência são: WOLACHET PAKEERUT, *Die Entwicklung der Dogmatik des verwaltungsrechtlichen Vertrages* (2000), 19 ss. e VOLKER

Os inícios foram, porém, complicados. O recém-adquirido Direito administrativo assentava numa lógica de autoridade soberana que se coadunava mal com a lógica dos contratos. Assim, enquanto Laband admitia os contratos públicos na base, pelo menos, de leis especiais relativas à contratação de funcionários[88], Otto Mayer considerava tal figura "impensável" por pressupor a igualdade entre os intervenientes[89].

III. Apesar das dificuldades, a figura dos contratos públicos foi sendo admitida. Mas teve poucas repercussões teóricas e práticas[90]. Apenas após a 2.ª Guerra Mundial a matéria veio a ganhar espaço[91], articulando-se em várias frentes[92].

No desenvolvimento subsequente, poderemos *grosso modo* afirmar que os contratos públicos, na experiência alemã, conheceram um desenvolvimento substancialista. Distinguem-se dos "privados" por pressuporem um objecto centrado em "relações jurídicas de Direito público"[93], obedecendo, no que não seja especificamente regulado, às regras gerais das obrigações[94].

IV. A experiência alemã acabaria por desembocar num tratamento legislativo geral dos contratos administrativos. A lei do processo administrativo de 25-Mai.-1976[95] veio regular a matéria, nos seus §§ 54 a 62. E no § 54, o con-

---

SCHLETTE, *Die Verwaltung als Vertragspartner* (2000: uma obra de 777 pp.), 28 ss.. No tocante à essência dos contratos administrativos e à sua relação com o poder do Estado, num prisma comparativo, é também obra de referência a de EIKE GURLIT, *Verwaltungsvertrag und Gesetz/Eine vergleichende Untersuchung zum Verhältnis von vertraglicher Bindung und staatlicher Normsetzungsautorität* (2000: uma obra de 692 pp.), 20 ss..
[88] PAUL LABAND, *Das Staatsrecht des Deutschen Reiches* 1, 5.ª ed. (1911), 447 e 448.
[89] OTTO MAYER, *Zur Lehre vom offentliche-rechtlichen Vertrage*, AöR 3 (1888), 1-86 (42) = *Kleine Schriften zum öffentlichen Recht*, 1 (1981), 3-61 (30).
[90] KLAUS STERN, *Zur Grundlegung eine Lehre des offentliche-rechtlichen Vertrages*, VerwArch 49 (1958), 106-177 (106) refere que, à época, a última monografia sobre contratos administrativos datava de 1923.
[91] SCHLETTE, *Die Verwaltung als Vertragspartner* cit., 32.
[92] PAKEERUT, *Die Entwicklung der Dogmatik des werwaltungsrechtlichen Vertrages* cit., 61 ss..
[93] HANS-UWE ERICHSEN, *Allgemeiner Verwaltungsrecht*, 12.ª ed. (2002), § 24 (404 ss..).
[94] Como ilustração – ainda que na base de regras já substituídas – referimos, de LOTHAR SIMONS, *Leistungsstörungen verwaltungsrechtlicher Schuldverhältnisses* (1967).
[95] Ou *Verwaltungsverfahrensgesetz*, conhecida pela sigla VwVfG, de 25-Mai.-1976, alterada por último pela Lei de 23-Jan.-2003; cf. HANS-GÜNTER HENNEKE, em HANS JOACHIM KNACK e outros, *Verwaltungsverfahrengesetz (VwVfG) Kommentar*, 8.ª ed. (2004), prenot. § 54, 1087 ss., com muitas indicações.

trato administrativo é apresentado como o que constitua, modifique ou extinga uma relação de Direito público[96].

Teremos a oportunidade de regressar a este importante diploma. Adiantamos, porém, que ele acabaria por ter grande influência, entre nós, a partir dos anos oitenta do século XX.

9. *A tradição francesa*

I. Em França, a existência de contratos celebrados entre a Coroa e os particulares era reconhecida desde o século XVI[97]. Todavia, não se apontava, nessa actividade, nenhuma diferenciação do tipo administrativo. Faltavam, para tanto, os necessários elementos jurídico-científicos.

Nos próprios administrativistas de meados do século XIX não encontramos, mau grado a extensão das suas obras, referências a contratos da administração[98]. Seria necessário aguardar a multiplicação dos casos jurisdicionais e a lógica imparável do Conselho de Estado para se ir apurando a caracterização de um novo esquema contratual: o dos contratos administrativos *stricto sensu*[99]. Os dados jurisprudenciais foram trabalhados nos finais de XIX, princípios de XX, por Perriquet (1890)[100] e Jèze (1927) [101], aos quais se deve a dogmatização da figura em França[102]. Mesmo autores como Hauriou, no princípio do século XX, dedicam ao tema uma pequena extensão, sendo de notar a incipiência dogmática[103].

---

[96] Cf., ainda, HANS MEYER, em HANS MEYER/HERMANN BORGS-MACIEJEWKI (cit. MEYER//BORGS), *Verwaltungsverfahrengesetz*, 2.ª ed. (1982), § 54 (484 ss.).
[97] PIERRE LAURENT FRIER, *Précis de droit administratif* (2001), 323.
[98] Temos presente: M. F. LAFERRIÈRE, *Cours de droit public et administratif*, 4.ª ed. (1854), 1.º vol. (704 pp.) e 2.º vol. (869 pp.).
[99] JEAN ROUVIÈRE, *Les contrats administratifs/Leurs caractères distintifs d'après la jurisprudence* (1930), 93.
[100] E. PERRIQUET, *Contrats de l'État et travaux publics*, I – *Contrats de l'État*, 2.ª ed. (1890), 692 pp. + 193 pp. de suplemento; esta obra é apontada como o primeiro tratado consagrado aos contratos administrativos.
[101] GASTON JÈZE, *Les contrats administratifs* (1927), 257 pp., abaixo referido.
[102] LAURENT RICHER, *Droit des contrats administratifs* (1995), 492 pp.; *vide*, aí, 18 ss..
[103] MAURICE HAURIOU, *Précis élémentaire de droit administratif et de droit public*, 8.ª ed. (1914), 814 e 928, p. ex.; alguns elementos mais relevantes (indirectamente) ocorrem a propósito do estudo de jurisdição administrativa (933 ss.). Na 10.ª ed. desta obra (1921), há já um pequeno desenvolvimento, com referência à imprevisão (758).

II. Podemos assim anunciar que a tradição francesa seguiu, no domínio dos contratos públicos, uma via processual[104]. Como consequência: os contratos públicos desenvolveram-se em figuras típicas isoladas, com exemplo na concessão de obras públicas e na concessão de serviços públicos[105] e isso ao ponto de, mesmo em obras gerais desenvolvidas, faltar mesmo uma referência geral à figura em causa[106].

Na base deste particularismo está a técnica da jurisdição do Conselho de Estado, que se foi afirmando com incidência em diversas figuras. Daí resultaram enumerações de contratos administrativos, em cuja base foi sendo elaborada uma noção geral: quer pelos clássicos[107], quer pela doutrina actual[108].

III. Na lógica gaulesa, o Estado poderia contratar como um particular: sujeitar-se-ia, porém e apenas, ao foro administrativo[109]. A busca de um critério material acabaria por se tornar mais complexa[110]: por esta via, a simples presença do Estado num contrato poderia ditar uma administrativização. Mais tarde, o regime dos contratos administrativos diferenciou-se, para além das vias de recurso. Hoje, parece indubitável que o Estado pode celebrar contratos "normais" e, nos termos legais, contratos administrativos, com um regime

---

[104] Ainda: JEAN ROUVIÈRE, *Les contrats administratifs* cit., 174. Uma importante recolha de textos clássicos, jurisprudenciais, legais e doutrinários pode ser confrontada em JEAN PIERRE LEBRETON/STÉFANE MANSON, *Le contrat administratif* (1999), 43 pp..
[105] Cf. LOUIS ROLLAND, *Précis de Droit administratif*, 4.ª ed. (1932), 92 ss. e 408 ss. e JEAN-MARIE AUBY/ROBERT DUCOS-ADER, *Droit administratif*, 2.ª ed. (1970), 427 ss..
[106] Assim, além de MAURICE HAURIOU: H. BERTHÉLEMY, *Traité Élémentaire de Droit administratif*, 12.ª ed. (1930).
[107] GASTON JÈZE, *Les contrats administratifs de l'État, des départements, des communes et des établissements publics*, 3 volumes (1927-1934) e ANDRÉ LAUBADÈRE/F. MODERNE/P. DEVOLVÉ, *Traité des contrats administratifs*, 2 volumes, 2.ª ed. (1983-1984). Em obra geral já antiga: JEAN RIVERO, *Droit administratif*, 4.ª ed. (1969), 13 ss.. Note-se o recurso ao plural "contratos administrativos", em vez de uma referência geral e abstracta a "contrato administrativo".
[108] LAURENT RICHER, *Droit des contrats administratifs* cit., 25 ss., sublinhando que o Direito francês é o que mais autonomiza os contratos administrativos, PIERRE LAURENT FRIER, *Précis de droit administratif* cit., 329 ss., RENÉ CHAPUS, *Droit administratif général*, 1, 15.ª ed. (2001), 544 ss. e 1183 ss. e JACQUELINE MORAND-DEVILLER, *Cours de droit administratif*, 8.ª ed. (2003), 387 ss..
[109] PAUL-MICHEL EFSTRATIOU, *Die Bestandskraft des öffentlich-rechtlichen Vertrages/Eine vergleichende Untersuchung zum griechischen, französischen und insbesondere deutschen Verwaltungsvertragsrecht* (1988), 87 ss..
[110] GERD REINHARDT, *Der offentlich-rechtliche Vertrag im deutschen und französischen Recht/eine rechtsvergleichende Betrachtung*, VerwArch 55 (1964), 151-174 e 210-263 (152 ss.).

especial. Os principais contratos administrativos são os de trabalhos públicos, de fornecimentos, de transportes, de concessão de serviços públicos, de empréstimos públicos e de obras públicas[111].

IV. A experiência francesa teria a maior importância no estabelecimento, em Portugal, de uma doutrina do contrato administrativo e, depois, na sua evolução. Mas atenção: não por ser a melhor ou a mais precisa; apenas por, na altura decisiva, ter deparado com uma Ciência público-jurídica ainda não emancipada do modelo napoleónico e por, até linguisticamente, ser a mais acessível.

10. *A experiência portuguesa: até ao Código de 1940*

I. A possibilidade de a Administração se vincular, perante os particulares e para com eles, através de contratos, era reconhecida e aplicada, na segunda metade do século XIX[112]. De resto, já assim seria no período anterior.

Apelava-se, nessa altura, à doutrina geral dos contratos, tal como emergia do Código Civil[113].

No princípio do século XX, começou a impor-se a ideia de que tais contratos não obedeceriam ao regime comum, antes apresentando particularidades devidas ao interesse público[114]. O passo seguinte seria o de autonomizar os contratos administrativos, distintos dos restantes pela especificidade do seu regime e pela sujeição ao foro administrativo. Jogou, também, a influência francesa. A doutrina da primeira parte do século XX desenvolvia a ideia de uma criação gaulesa do instituto do contrato administrativo[115]: na realidade, os elementos alemães eram anteriores, não sendo porém conhecidos.

---

[111] RIVERO, *Droit administratif*, 4.ª ed. cit., 104.
[112] Cf. a sentença arbitral de 7-Jun.-1875, O Direito 7 (1875), 511-512, relativa ao contrato de 2-Abr.-1867, celebrado entre o Ministério das Obras Públicas e a Companhia das Águas de Lisboa. *Vide*, também, a *consulta à Revista de Legislação e de Jurisprudência* sobre a competência para dirimir as questões relativas à validade dos contratos celebrados pelas câmaras municipais: RLJ 16 (1883), 83-84.
[113] ARMANDO MARQUES GUEDES, *A concessão (Estudo de Direito, ciência e política administrativa)* (1954), 72 ss..
[114] JOÃO MARIA TELLO DE MAGALHÃES COLLAÇO, *Concessões de serviços públicos/Sua natureza jurídica* (1914, reimp., 1928), 36 ss..
[115] MARCELLO CAETANO, *Conceito de contrato administrativo*, O Direito 70 (1938), 3-11 (3/II).

36 Contratos públicos

II. O passo seguinte consistiria numa intervenção legislativa. O Decreto n.º 18:017, de 27 de Fevereiro de 1930[116], que veio regular diversas questões de contencioso administrativo, dispôs, designadamente[117]:

> Artigo 1.º (...)
> § 1.º Constituem objecto do Contencioso:
> (...)
> 2.º A interpretação de todos os contratos administrativos.

A referência a contratos a propósito do foro administrativo não era nova[118]: a novidade residiu na autonomização dos contratos de natureza administrativa, retomados logo de seguida pelo Regulamento do Supremo Conselho de Administração Pública, aprovado pelo Decreto n.º 19:243, de 16 de Janeiro de 1931[119]. Segundo o artigo 1.º, n.º 3, desse Regulamento, competia ao Supremo Conselho[120]:

> Conhecer dos recursos interpostos dos actos e decisões definitivas do Poder Executivo, dos governadores civis e entidades dirigentes de serviços públicos descentralizados, autónomos ou simplesmente dotados de personalidade jurídica, sempre que se argua incompetência, excesso de poder, violação de lei e ofensa dos direitos baseados em leis, regulamentos ou *contratos de natureza administrativa* e não sejam declarados insusceptíveis de recurso;
> (...)

O contrato administrativo não chegava, porém, a ser definido. A doutrina apelava para o pensamento jurídico francês, referindo[121]:

---

[116] COLP 1930, 299-300.
[117] *Idem*, 299/I.
[118] MARCELLO CAETANO, *Competência contenciosa em matéria de contratos administrativos*, O Direito 63 (1931), 194-198 (194 ss.), com indicações.
[119] COLP 1931, 91-101.
[120] *Idem*, 92/I; o itálico é nosso.
[121] MARCELLO CAETANO, *Competência contenciosa em matéria de contratos administrativos* cit., 196/II. O mesmo MARCELLO CAETANO, em *Direito administrativo*, por ANTÓNIO GOMES/LOPES DE SOUSA/NUNES CORREIA/SANCHES DE BAENA, Lições ao Curso do 2.º ano jurídico de 1933-1934, depois de apontar a origem francesa e a consagração no Decreto n.º 18.017, vem definir o contrato administrativo como (482):

> (...) todo o contrato firmado pelos particulares com a Administração para a realização dos seus fins e no qual se estipulem cláusulas exorbitantes de Direito comum, isto é, cláusulas donde se deduza a sua integração na disciplina do Direito público.

(...) o critério que exige no contrato além do estabelecimento de uma colaboração íntima e regular no serviço público, a existência de "cláusulas exorbitantes do direito comum".

III. Visando esclarecer o problema, o Código Administrativo de 1936[122], no seu artigo 695.º, relativo à competência contenciosa, veio inserir um importante § único, assim redigido[123]:

> Para efeitos contenciosos, consideram-se contratos administrativos os contratos de empreitada ou concessão de obras públicas, de concessão de serviços públicos, de fornecimento contínuo e de prestação de serviços celebrados entre a administração e os particulares, para fins de serviço público.

Este preceito coincidiu, na época, com a divulgação da doutrina e da jurisprudência francesa sobre os contratos administrativos, tendo provocado uma série de estudos, designadamente no plano universitário[124].

IV. No Código Administrativo que ficaria conhecido como o de 1940, a enumeração, agora transferida para o artigo 815.º, § 2.º, recebeu um teor ainda mais taxativo:

> Consideram-se contratos administrativos unicamente os contratos de empreitada e de concessão de obras públicas, os de concessão de serviços públicos e os de fornecimento contínuo e de prestação de serviços celebrados entre a administração e os particulares para fins de imediata utilidade pública.

Como elementos restritivos surgem-nos, agora:

– a não-limitação da enumeração a efeitos contenciosos;
– a introdução do advérbio "unicamente";
– a restrição a "fins de *imediata* utilidade pública".

---

[122] Aprovado pelo Decreto-Lei n.º 27:424, de 31 de Dezembro de 1936.
[123] Cf. CIPRIANO SIMÕES ALEGRE, *Código Administrativo (Anotado)* (1937), 692-693.
[124] Apontamos, como dissertação de doutoramento na Faculdade de Direito de Coimbra, JOÃO DE MELO MACHADO, *Teoria jurídica do contrato administrativo* (1937), 288 pp., com um apêndice e, como dissertações de licenciatura na Faculdade de Direito de Lisboa, DINIZ ANTÓNIO DE BULHÃO PATO, *Dos "contratos administrativos" concessões de serviço público* (1937), 42 pp., dactil. e JOÃO ALVES DA CRUZ FERREIRA, *Do conceito de contrato administrativo e a sua principal característica* (1940), 13 pp., dactil..

38 Contratos públicos

A doutrina não teve dúvidas: tratava-se de fixar uma enumeração taxativa de contratos administrativos[125]. De novo ocorreu um surto de interesse universitário[126].

V. O facto de todo este debate se processar a propósito da competência contenciosa diz muito sobre a filiação francesa da temática administrativista relativa aos contratos. Os aspectos substantivos, mau grado as sugestivas apresentações na base de princípios, ficavam, inevitavelmente, na sombra. De todo o modo houve uma efectiva penetração da ideia de contrato administrativo na cultura jurídica nacional.

11. *Segue; o alargamento subsequente*

I. Após a consagração, no Código Administrativo de 1936, de um regime de fixação legal taxativa dos contratos administrativos, passar-se-ia, numa evolução de quase 50 anos, a um alargamento que desembocaria num conceito geral.

As primeiras críticas tendentes ao alargamento vieram de Melo Machado. Este Autor, escrevendo ainda ao abrigo da versão de 1936, explicava que a limitação legal poderia prender-se com os contratos administrativos, que se sujeitassem ao foro administrativo[127]. Porém, a redacção mais dura, assumida pelo Código de 1940, fez cair os argumentos liberais que poderiam depor nesse sentido[128].

Freitas do Amaral veio, porém, contrapor um outro argumento formal "de força equivalente": o artigo 815.º, § 2.º, do Código de 1940 suprimiu "unicamente" por se tratar de um preceito incluído em título sobre competência contenciosa: logo, seria inútil[129].

Haveria que substancializar o tema.

---

[125] MARCELLO CAETANO, *Manual de Direito administrativo*, 2.ª ed. (1947), 492-493.
[126] Novas dissertações de licenciatura na Faculdade de Direito de Lisboa: FERNANDO MOREIRA RIBEIRO, *O contencioso dos contratos administrativos* (1943), 176 pp., dactil., e ALEXANDRINO MELO E SILVA, *Contratos administrativos: a competência contenciosa* (1943), 130 pp., dactil..
[127] J. MELO MACHADO, *Teoria jurídica do contrato administrativo* cit., Apêndice, II. Este Autor, muitas vezes apontado como defendendo o alargamento da ideia de contrato administrativo acaba, porém, por aceitar a natureza taxativa do artigo 695.º do Código de 1936: Apêndice V. Cf., ainda, VÍTOR MANUEL LOPES DIAS, *Cemitérios, jazigos e sepulturas* (1963), 383-384.
[128] MARCELLO CAETANO/FREITAS DO AMARAL, *Manual de Direito administrativo*, 10.ª ed. cit., 580.
[129] DIOGO FREITAS DO AMARAL, *A utilização do domínio público pelos particulares* (1965), 188.

II. A discussão subsequente teria um nível jurídico-positivo e, ainda, um plano programático ou *de iure condendo*. Assente ficava o facto de a enumeração do artigo 815.º, § 2.º, não ter força constitucional: a lei ordinária poderia prever novos tipos de contratos administrativos[130]. Sérvulo Correia, defendendo *de iure condendo* a enumeração exemplificativa, explica que a jurisprudência poderia ir completando a enumeração legal[131]. Outros Autores depõem nesse sentido[132].

III. A pressão doutrinária levou a que o Estatuto dos Tribunais Administrativos e Fiscais, aprovado pelo Decreto-Lei n.º 129/84, de 27 de Abril, viesse alargar a noção de contrato administrativo. O seu artigo 9.º, epigrafado "contratos administrativos", dispõe[133]:

> 1. Para efeitos de competência contenciosa, considera-se como contrato administrativo o acordo de vontades pelo qual é constituída, modificada ou extinta uma relação jurídica de direito administrativo.
> 2. São designadamente contratos administrativos os contratos de empreitada de obras públicas, de concessão de obras públicas, de concessão de uso privativo do domínio público e de exploração de jogos de fortuna ou de azar e os de fornecimento contínuo e de prestação de serviços celebrados pela Administração para fins de imediata utilidade pública.
> (...)

A referência à "relação jurídica de Direito administrativo" recorda, de modo inevitável, a acima referida definição do § 54 do *Verwaltungsverfahrensgesetz* alemão[134]. Dá-se uma viragem para a substancialização que prenuncia, também neste ponto, uma importante transposição da Ciência jurídico-administrativa nacional para o estilo alemão. No entanto e ao sabor francês, mantém-se uma enumeração de contratos.

---

[130] Cf. sobre a evolução, OLIVEIRA ASCENSÃO/MENEZES CORDEIRO, *Das concessões das zonas de jogo*, na RDPúblico 1988, 51-100 (61 ss.).
[131] J. M. SÉRVULO CORREIA, *Contrato administrativo*, sep. do DJAP (1972), 24.
[132] M. ESTEVES DE OLIVEIRA, *Direito administrativo* 1 (1980), 634 ss.. e GUILHERME DA FONSECA, *A Constituição e a defesa dos administrados* (1977), 48.
[133] DR I Série n.º 98, de 27-Abr.-1984, 1408/I.
[134] *Supra*, 32-33.

IV. O desafio seguinte consistia em encontrar um critério seguro para a "relação jurídica de Direito administrativo". Recordamos as várias teorias surgidas[135]:

- o critério de subordinação: a relação administrativa subordinaria o particular à vontade do Estado; isso adviria da natureza das partes em presença e da associação duradoura que, entre elas, se estabeleceria;
- o critério do objecto do contrato: estaríamos perante direitos e obrigações de Direito administrativo, detectáveis pelo regime;
- o critério dos fins: a própria lei refere "fins de imediata utilidade pública"; tais fins, que apelariam aos interesses públicos, dariam um sentido ao regime diferenciado aplicável;
- o critério estatutário: estariam em jogo relações com a Administração Pública, a qual disporia de um regime diferenciado.

Tomados em separado, tais critérios prestam-se a dúvidas. A subordinação pode pressupor uma prévia determinação da relação. O objecto é impreciso. Os fins públicos não são suficientes, uma vez que qualquer contrato civil os poderá prosseguir; além disso, uma referência a "fins públicos" surge, antes de mais, como uma justificação significativo-ideológica para um regime diferenciado. Fica-nos o critério estatutário, a complementar com considerações de ordem sistemática, abaixo ponderadas.

V. A evolução prosseguiu com o Código do Procedimento Administrativo, aprovado pelo Decreto-Lei n.º 442/91, de 15 de Novembro[136]. Segundo o artigo 178.º do CPA de 1991[137], precisamente epigrafado "conceito de contrato administrativo"[138]:

1. Diz-se contrato administrativo o acordo de vontades pelo qual é constituída, modificada ou extinta uma relação jurídica administrativa.
2. São contratos administrativos, designadamente, os contratos de:
   a) Empreitada de obras públicas;

---

[135] Sobre toda esta matéria, SÉRVULO CORREIA, *Legalidade e autonomia contratual* cit., 363 ss..
[136] Alterado pelo Decreto-Lei n.º 6/96, de 31 de Janeiro, mas não no ponto de seguida em causa.
[137] Quanto a este diploma e as suas influências: RUI MACHETE, *Código do procedimento administrativo e legislação complementar* (1992) = *Estudos de Direito Público* (2004), 27-41.
[138] DR I Série-A, n.º 263, de 15-Nov.-1991, 5871/I. Quanto à origem do preceito: DIOGO FREITAS DO AMARAL e outros, *Código do Procedimento Administrativo/Anotado*, 5.ª ed. (2006), 304.

b) Concessão de obras públicas;
c) Concessão de serviços públicos;
d) Concessão de exploração do domínio público;
e) Concessão de uso privativo do domínio público;
f) Concessão de exploração de jogos de fortuna ou azar;
g) Fornecimento contínuo;
h) Prestação de serviços para fins de imediata utilidade pública.

Como se vê, há um aprofundamento aperfeiçoado do dispositivo contido no artigo 9.º do ETAF de 1984. Porém, seria tarde para salvar os contratos administrativos, na sua pujança dogmática. As origens processuais da figura, ao estilo francês, iriam minar a sua autonomia.

VI. Cumpre agora confrontar, na jurisprudência, o alargamento dos tradicionais contratos administrativos.

O acórdão do STA (Pleno) de 18-Jun.-1985 vem historiar o problema focando, designadamente, o artigo 815.º, § 2.º, do Código Administrativo e a evolução que, mesmo na sua vigência, a doutrina veio desencadear. Acaba, depois, por se fixar, como critério de distinção, a existência de um vínculo entre o contratante e administração. Quanto aos contratos de concessão da exploração de zonas de jogo, o STA acabaria por não ter dúvidas em qualificá-los como administrativos, dado o teor lato do artigo 9.º do ETAF de 1984 o qual, além do mais, inclui este tipo de contrato na enumeração exemplificativa que comporta[139].

Esta orientação foi depois confirmada por numerosos outros arestos do STA; refiram-se, assim, os acórdãos de 22-Mai.-1986[140], de 24-Jun.-1986 – dois acórdãos na mesma data, muito semelhantes, mas correspondentes a recursos diferentes[141] – de 16-Dez.-1986 – também dois acórdãos diferentes[142] – e de 29-Jan.-1987[143].

A nova orientação foi acolhida pacificamente: as perspectivas de alargamento do universo dos contratos administrativos são reais.

---

[139] STA(P) 18-Jun.-1985 (VALADAS PRETO), AcD 291 (1986), 310-321 (313, 314, 317 e 318).
[140] STA(P) 22-Mai.-1986 (FONSECA FERNANDES), AcD 301 (1986), 105-113 (109).
[141] STA(P) 24-Jun.-1986 (SAMPAIO DA NÓVOA), AcD 302 (1986), 252-258 (256) e STA(P) 24-Jun.-1986 (SAMPAIO DA NÓVOA), AcD 310 (1987), 1271-1279 (1277).
[142] STA(P) 16-Dez.-1986 (GONÇALVES PEREIRA), AcD 307 (1987), 1008-1018 (1016) e STA(P) 16-Dez.-1986 (FONSECA FERNANDES), AcD 312 (1987), 1575-1583 (1581).
[143] STA(P) 29-Jan.-1987 (TEIXEIRA MARTINS), AcD 310 (1987), 1300-1308 (1305).

O alargamento obrigou a procurar critérios materiais. Neste ponto, há dois acórdãos a anotar:

- o Supremo Tribunal Administrativo, em acórdão de 31-Mar.-1987 relativo à concessão do Restaurante de Monsanto, tendo tomado nota do alargamento da ideia de contrato administrativo proporcionado pelo artigo 9.º do ETAF, procurou fixar-se na "ambiência de Direito Público"; e para procurar apontar tal ambiência ele veio enfocar, nesse caso, o afastamento do regime do inquilinato, a protecção dos interesses gerais por ele procurado e a sua submissão a um programa público[144];
- o Tribunal de Conflitos, em acórdão de 11-Jan.-1990, defendeu que a prestação de serviços era administrativa quando proporcionasse uma associação duradoura à pessoa de Direito público, dentro de uma ideia de continuidade[145].

Parece inquestionável: a jurisprudência portuguesa passou a mover-se em latitudes muito diferentes das antes enquadradas pelo artigo 815.º, § 2.º, do Código Administrativo.

No acórdão modelar do STA 13-Out.-1999[146], a relação do Direito administrativo vem a ser fixada[147]:

(…) atentos a qualidade das partes, o objecto e o fim do contrato e as características específicas da respectiva estatuição, com o estabelecimento de uma cadeia hierarquizada de atribuição de poderes de autoridade, inimaginável no âmbito de contratos de direito privado.

---

[144] STA 31-Mar.-1987 (OLIVEIRA MATOS), AcD 318 (1988), 724-737 (732-736).
[145] TConfl. 11-Jan.-1990 (MENERES PIMENTEL), AcD 344-345 (1990), 1133-1136 (1135-1136).
[146] STA 13-Out.-1999 (MÁRIO TORRES), AcD 459 (2000), 332-352; faz-se, aí (347 ss.) uma excelente resenha da evolução do contrato administrativo perante o ETAF de 1984.
[147] *Idem*, 351.

IV. OS CONTRATOS PÚBLICOS NO DIREITO PORTUGUÊS VIGENTE

12. *A evolução estatutária*

I. Como vimos, a Ciência Jurídica não apurou um critério material de "administratividade". A relação jurídica do Direito administrativo sê-lo-ia por se sujeitar a determinado estatuto. Qual?

Em boa verdade, dois poderosos factores exógenos jogavam contra a adopção de um critério substantivo final:

– a influência comunitária;
– o alargamento do foro administrativo.

A influência comunitária implica regras generalizantes que não se detenham perante particularidades napoleónicas de contratos administrativos *versus* contratos (privados) da Administração[148]. A simples presença do Estado exigiria um regime próprio: donde a lógica estatutária.

II. Quanto ao alargamento do foro administrativo: ele tem sido uma constante, desde que se abandonou o sistema de enumeração taxativa dos contratos administrativos. Atingiu (para já) o zénite com o ETAF de 2002 (Lei n.º 13//2002, de 19 de Fevereiro), completado com a multiplicação dos Tribunais Administrativos de 2003 (Decreto-Lei n.º 325/2003, de 29 de Dezembro)[149]. O artigo 4.º/1 do ETAF entrega ao foro administrativo puros contratos privados, desde que na sua génese surja o Estado (logo: o Direito público). Tudo isto, a pretexto de pôr termo a incongruências, corresponde à ideia *naïf* de que o

---

[148] MARIA JOÃO ESTORNINHO, *Contratos da administração pública* cit., 65.
[149] JOSÉ MANUEL SÉRVULO CORREIA, *Direito do contencioso administrativo* 1 (2005), 695 ss. (714 ss.).

público é mais popular, logo melhor. Os danos para os direitos dos cidadãos são graves: o foro administrativo é muito ingrato, por razões formais e de fundo, como poderá ser testemunhado por qualquer prático do Direito.

III. Documentemos os aspectos europeus. A Directriz n.º 89/665/CEE, do Conselho, de 21 de Dezembro, veio coordenar as disposições legislativas, regulamentares e administrativas relativas à aplicação dos processos de recurso, em matéria de adjudicação dos contratos de Direito público de obras de fornecimentos[150]. Tratava-se de assegurar vias rápidas de recurso, de tutela cautelar e de indemnização. A Directriz foi transposta pelo Decreto-Lei n.º 134/98, de 15 de Maio, que logo alargou o objecto das medidas: veio abranger a formação dos contratos de empreitada de obras públicas, de prestação de serviços e de fornecimento de bens (1.º). Quanto ao âmbito do recurso (2.º/1) jogam-se:

> Todos os actos administrativos relativos à formação do contrato que lesem direitos ou interesses legalmente protegidos são susceptíveis de recurso contencioso, independentemente da sua forma.

A litigiosidade aumentou. Todavia, a rigidez do foro administrativo bloqueou o grande objectivo do diploma: o de prevenir a passagem ao contrato definitivo sem que se mostrassem corrigidas todas as ilegalidades pré-contratuais[151]. No que agora interessa: o diploma joga com um conceito amplo de contrato público em que releva a formação: não o conteúdo.

III. Um passo suplementar foi dado pelo novo Estatuto dos Tribunais Administrativos e Fiscais, aprovado pela Lei n.º 13/2002, de 19 de Fevereiro, alterado pela Lei n.º 4-A/2003, de 19 de Fevereiro[152]: a crer que, após décadas de quietude, o legislador resolveu modificar, em contínuo, a Ciência jurídico-administrativa.

---

[150] JOCE N.º L 395, de 30-Dez.-1989, 33-35.
[151] Em especial e com elementos: CARLOS ALBERTO FERNANDES CADILHA, *Contratos públicos: do Decreto-Lei n.º 134/98, de 15 de Maio à Plataforma do Contencioso Administrativo. Uma análise de jurisprudência*, SI LI (2002), n.º 292, 51-63 (52 ss., 59).
[152] Em geral: RUI MACHETE, *O Direito administrativo português no último quartel do século XX e nos primeiros anos do século XXI* (2003) = *Estudos de Direito Público* (2004), 279-298 (286).

IV. Os contratos públicos no Direito português vigente

O artigo 4.º do ETAF de 2002, ainda a propósito da jurisdição "administrativa e fiscal", veio dispor[153]:

1. Compete aos tribunais da jurisdição administrativa e fiscal a apreciação de litígios que tenham nomeadamente por objecto:
(...)
e) Questões relativas à validade de actos pré-contratuais e à interpretação, validade e execução de contratos a respeito dos quais haja lei específica que os submeta, ou que admita que sejam submetidos, a um procedimento pré-contratual regulado por normas de direito público;
f) Questões relativas à interpretação, validade e execução de contratos de objecto passível de acto administrativo, de contratos especificamente a respeito dos quais existam normas de direito público que regulem aspectos do respectivo regime substantivo, ou de contratos que as partes tenham expressamente submetido a um regime substantivo de direito público;
(...)

Há um alargamento da competência contenciosa para além dos contratos administrativos, em termos que não primam pela precisão[154]. Além disso, a alínea *f)* aponta para algo mais vasto: para contratos de Direito público.

IV. Como se vê, o novo ETAF, aprovado pela Lei n.º 13/2002, de 19 de Fevereiro[155], veio ampliar a jurisdição administrativa em termos algo complexos. Quanto a contratos, ficam abrangidos – 4.º/1, *e)* e *f)*:

– actos pré-contratuais submetidos (ou admitidos submeter), por lei especial, a normas de Direito público;
– interpretação, validade e execução de contratos igualmente submetidos (ou admitidos submeter) por lei especial, a normas de Direito público;
– *idem*, de contratos de objecto passível de acto administrativo;
– *idem*, de contratos cujo regime substantivo contenha aspectos submetidos a normas de Direito público;

---

[153] DR I Série-A, n.º 42, de 19-Fev.-2002, 1326/I.
[154] Cf. Mário Esteves de Oliveira/Rodrigo Esteves de Oliveira, *Código de Processo nos Tribunais Administrativos* – volume I – *Estatuto dos Tribunais Administrativos e Fiscais* (2004), 48 ss.. Explicam os Autores que o projecto do Governo foi alterado no Parlamento, sem os devidos cuidados técnicos.
[155] Em geral: Mário Aroso de Almeida, *Breve introdução à reforma do contencioso administrativo*, CJA 32 (2002), 3-10 (3 ss.).

– *idem*, de contratos que as partes tenham submetido a um regime de Direito público.

Retemos uma soma de critérios:

– o estatutário do conteúdo de Direito público;
– o objectivo da matéria (também) submetida a acto administrativo.

Desaparece a anterior exclusão das questões privadas[156]. Aparentemente: a favor de uma ideia de contaminação pública: a presença, *in contrahendo* ou subsequente, de regras públicas arrasta toda a relação para o foro administrativo.

V. O CPTA de 2002 (Lei n.º 15/2001, de 22 de Fevereiro[157]) veio fechar o círculo. O seu artigo 2.º/2, *g*), comete aos tribunais administrativos:

> A resolução de litígios respeitantes à interpretação, validade ou execução cuja apreciação pertença ao âmbito da jurisdição administrativa.

Os seus artigos 100.º a 103.º regem o contencioso pré-contratual, absorvendo a matéria antes tratada pelo Decreto-Lei n.º 134/98, de 15 de Maio[158]. Logicamente, a natureza restrita do artigo 100.º deve ser alargada perante o artigo 4.º/1, *e*), do ETAF[159].

VI. O ETAF de 2002 parece apontar, quanto a contratos públicos, para uma certa confluência com o Direito europeu. Efectivamente, a Directriz n.º 2004/18/CE, de 31 de Março, que procedeu à coordenação dos processos de adjudicação dos contratos de empreitada de obras públicas, de contratos públicos de fornecimento e dos contratos públicos de serviços, dispõe, no artigo 1.º:

> (...)
> 2. a) "Contratos públicos" são contratos a título oneroso, celebrados por escrito entre um ou mais operadores económicos e uma ou mais enti-

---

156 Maria João Estorninho, *A reforma de 2002 e o âmbito de jurisdição administrativa*, CJA 35 (2002), 3-8 (5/I).
157 Alterado pela Lei n.º 4-A/2003, de 19 de Fevereiro, que o republicou em anexo.
158 Revogado, de resto, pelo artigo 6.º, *f*), da Lei Preambular.
159 *Vide*, ainda, Cláudia Viana, *Recentíssima alteração do contencioso relativo à formação dos contratos públicos*, CJA 37 (2003), 3-12.

dades adjudicantes, que têm por objecto a execução de obras, o fornecimento de produtos ou a prestação de serviços na acepção da presente directiva.

Verifica-se, de facto, uma aproximação terminológica, quanto a "contratos públicos". De certo e por evidentes acções de cautela, conserva-se uma enumeração precisa de contratos.

13. *O conceito material de contrato público*

I. A aventura legislativa nacional dos últimos vinte anos representou o termo da identificação processual dos contratos administrativos com a realidade substantiva. Em termos sintéticos, poderemos anunciar que o pensamento francês, procurando resolver o tema da competência do contencioso administrativo, se viu compelido a perscrutar características substanciais dos contratos administrativos. O pensamento alemão dirigiu-se directamente para a materialidade substancial do fenómeno. O Direito português, na síntese de ambos, acabou por soltar o nível processual, destacando-o da substancialidade.

Fará sentido inverter os conceitos, dizendo que, daqui em diante, será público o contrato que se submeta ao foro administrativo? Obviamente: não. Factores irrecusáveis dizem-nos que, por hipótese, uma concessão de serviço público comporta um regime que não corresponde ao de diversas figuras privadas aproximáveis: sociedade, prestação de serviço ou empreitada.

II. A doutrina portuguesa pugna pela manutenção de contratos públicos (ou administrativos) *a se*, isto é, assentes num regime substancial próprio[160]. O *requiem* (Maria João Estorninho) sê-lo-á pela estrita ligação do processo contencioso apenas aos contratos públicos[161].

E a substância própria dos contratos administrativos acabará por radicar na galáxia do Direito público, com pontos nodais na autoridade e no interesse

---

[160] Além das obras já referidas: ORLANDO DE CARVALHO, *Contrato administrativo e acto jurídico público (Contributo para uma teoria do contrato administrativo)* (1949) = *Escritos. Páginas de Direito*, 1 (1998), 165-246, maxime, 239, ARMANDO MARQUES GUEDES, *Os contratos administrativos*, RFDUL XXXII (1991), 9-27 (24) e EDUARDO PAZ FERREIRA, *Da dívida pública e das garantias dos credores do Estado* (1993), 443 ss., especialmente 491 ss.; há uma versão posterior desta obra.
[161] DIOGO FREITAS DO AMARAL, *Curso de Direito administrativo* cit., 2, 517-518.

público[162]: um ponto confirmado pela jurisprudência, tanto administrativa[163] como comum[164].

III. Num breve percurso pela dogmática dos contratos administrativos, encontramos, desde logo, a contraposição entre os típicos e os atípicos. Os primeiros incluem as oito figuras elencadas ao artigo 178.°/2 do CPA e, ainda, outras que se encontrem em leis extravagantes. Os restantes serão atípicos.

Quanto ao papel, os contratos administrativos podem ser de colaboração ou de atribuição: nos primeiros há uma associação entre a Administração e o particular (vg., concessão de serviço público); nos segundos, o conferimento, aos particulares, de certa posição (vg., concessão de jogo). Quanto à colaboração: poderá ser subordinada ou paritária, de acordo com o posicionamento do particular, perante a Administração[165].

IV. Os contratos públicos terão, depois, especificidades quanto à formação, à execução e à cessação. A formação exige todo um procedimento, por parte da entidade pública: é o cerne do anteprojecto do Código da Contratação, em que não insistimos, agora. Parece claro que as decorrências da legalidade, do igual tratamento e da proporcionalidade requerem, à entidade pública, um procedimento diverso da pura autonomia privada[166].

Quanto à execução e *grosso modo*: a parte pública tem poderes de fiscalização, de sanção e, até, de modificação unilateral que os contratos comuns não comportam, como regra (180.° do CPA). Como contrapartida de tais poderes, ocorre o princípio do equilíbrio financeiro, que deverá ser sempre mantido, para defesa dos particulares (*idem*, 180.°).

---

[162] JOSÉ CARLOS VIEIRA DE ANDRADE, *A justiça administrativa (Lições)*, 6.ª ed. (2004), 56 (ainda que sem referir, nesse ponto e especificamente, o contrato administrativo) e FREITAS DO AMARAL, *Curso de Direito administrativo* cit., 2, 518-519.
[163] STA 19-Fev.-2004 (PEDRO MANUEL PINHO DE GOUVEIA E MELO), AcD 512 (2005), 1294-1307 (1303 e 1304) e STA 29-Jun.-2005 (ANTÓNIO POLÍBIO FERREIRA HENRIQUES), AcD 527 (2005), 1677-1700 (1692).
[164] RGm 17-Nov.-2004 (MARIA ROSA TCHING), CJ XXIX (2004) 5, 286-288 (287/II).
[165] HARALD EBERHARD, *Der verwaltungsrechtliche Vertrag* cit., 21 ss..
[166] Trata-se de uma área muito sensível ao Direito comunitário. Além disso – e até por via do artigo 2.°/5 do CPA – a própria gestão privada do Estado obedece aos princípios da Administração Pública; cf. STA 22-Jun.-2004 (ANTÓNIO POLÍBIO FERREIRA HENRIQUES), AcD 515 (2004), 1627-1632 (1632).

Por fim, a cessação: ela segue certas regras que procurarão acautelar o predomínio da Administração (resgate) e a continuidade no funcionamento dos serviços públicos. Também aqui a posição dos particulares deve ser acautelada.

V. No tocante à formação, é inegável a aproximação entre os contratos públicos tradicionais e os contratos privados celebrados pela Administração[167]. Tal matéria, porém, acaba por cair no Direito administrativo e não, propriamente, no Direito dos contratos. Já quanto à execução e à cessação, há especialidades que se mantêm. Aí teremos vectores dogmáticos especiais cuja determinação explica a pesquisa subsequente, centrada no equilíbrio financeiro/alteração das circunstâncias. Na falta de tais especialidades e por defeito: caímos no Direito civil[168].

14. *Síntese*

I. A bissectriz dos elementos obtidos permitir-nos-á fazer o ponto da situação sobre a realidade "contratos públicos", apresentando uma leitura dogmaticamente operacional.

Como base de partida, recordaremos que a ideia de contrato público não pode ser racional e sistematicamente recortada. Como tantas vezes sucede no campo jurídico, ela corresponde a uma evolução histórica paulatina. Além disso e na concreta experiência em jogo, verifica-se uma sucessão de influências europeias: primeiro francesas e, depois, alemãs. Tais influências não operaram por substituição mas, antes, por aditamento. Daí resulta uma síntese nacional complexa, com a sua identidade.

II. A categoria dos contratos públicos traduzirá, antes de mais, um certo regime. Ele poderá ser marcado pela subordinação de uma parte à outra, pela exorbitância de certas cláusulas e/ou pela sujeição a um interesse público, sujeição essa que opera como justificação para que uma das partes possa, unilateralmente, introduzir modificações no acordado[169]. No plano processual,

---

[167] *Vide* MÁRIO AROSO DE ALMEIDA, *Implicações de Direito substantivo da reforma do contencioso administrativo*, CJA 2002, 69-79 (78).
[168] RLx 15-Jan.-2002 (PEREIRA DA SILVA), CJ XXVII (2002) 1, 74-75 (75/II) e STJ 5-Nov.--2002 (SILVA PAIXÃO), CJ/Supremo X (2002) 3, 123-125 (125/I).
[169] Quanto ao regime dos contratos públicos: SCHLETTE, *Die Verwaltung als Vertragspartner* cit., 110 ss. e 371 ss. e PAKEERUT, *Die Entwicklung der Dogmatik des werwaltungsrechtlichen Vertrages* cit., 113 ss..

o contrato público sujeitar-se-á ao foro administrativo, ainda que na companhia de certos contratos privados. A primeira série de diferenciações apontadas não pode ser considerada exclusiva do Direito público: encontramos, no Direito privado, situações equivalentes bastando, em rigor, que tenham sido assumidas pelas partes. Mas, sempre no Direito privado: isso não sucede *ex lege* e por norma.

III. A chave da natureza pública de certos contratos terá de ser procurada a nível de sistema. O contrato público, por complexas razões a determinar figura a figura, insere-se no âmbito estatutário da Administração Pública. É celebrado pelo Estado (ou entidade a ele equiparada), ao abrigo do Direito especial de que ele dispõe. Temos meios específicos de formação, de escolha e de conclusão[170]. Pressupõe esquemas próprios de acompanhamento, de fiscalização e de sanção. Em suma: apresenta, num plano de sistema, características diferenciadas, em face da comum contratação. Trata-se de uma ideia empiricamente expressa, pela jurisprudência administrativa, como "ambiência de Direito administrativo".

Perante cláusulas isoladas, mesmo características, não é possível definir qualquer contrato como público ou privado. Apenas considerando o contrato no seu todo e – mais longe ainda – tendo em conta a sua inserção na ambiência que presidiu à sua celebração e que irá acompanhar a sua execução será possível uma qualificação segura.

No fundo, acabamos por, neste plano, conectar a matéria com o grande motor jurídico-científico da *summa divisio*: público e privado.

IV. A posição adoptada permitirá ainda esclarecer a aplicação subsidiária, aos contratos públicos, das regras contratuais privadas. No prosseguimento do presente estudo, procuraremos fazê-lo com base no princípio do equilíbrio financeiro, ele próprio um desenvolvimento público do instituto da alteração das circunstâncias.

---

[170] Documenta-o, precisamente, o Anteprojecto de Código da Contratação Pública.

V. DA ALTERAÇÃO DAS CIRCUNSTÂNCIAS EM GERAL

A – Evolução

15. *Generalidades; evolução até à base do negócio*

I. O princípio do equilíbrio financeiro tem coordenadas complexas que radicam, antes do mais, no Direito comum. Por razões claras de precedência histórica e dogmática, iremos começar por ordenar o instituto civil básico em que toda a matéria se enxerta: o da alteração das circunstâncias.

A locução "alteração das circunstâncias" exprime, na linguagem jurídica portuguesa actual, o instituto vocacionado para intervir quando se modifiquem, de modo significativo, os condicionalismos que rodearam a celebração de determinado contrato. Em princípio, o instituto em causa permitirá responder à questão da manutenção, da cessação ou da adaptação do contrato atingido, e à da medida em que isso poderá suceder.

A alteração das circunstâncias tem, hoje, uma configuração que lhe foi dada por uma complexa evolução histórica. Além disso, ela varia muito, dentro dos diversos Direitos europeus, mesmo aqueles que mais próximos se encontram uns dos outros[171]. Impõe-se, por isso, um desvio histórico-comparativo, antes de ponderar a experiência portuguesa, bem como a prática dos nossos tribunais.

---

[171] *Vide* PIET ABAS, *Rebus sic stantibus/Eine Untersuchung zur Anwendung der clausula rebus sic stantibus in der Rechtsprechung einiger europäischer Länder* (1993), onde, aliás, a experiência portuguesa mereceu um interessante desenvolvimento; cf., aí, 233-258. Entre os escritos recentes: WOLFGANG BENDER, *Der Wegfall der Geschäftsgrundlage bei arbeitsrechtlichen Kollektivverträgen* (2005), 510 pp.. Nós próprios temos tratado esta matéria em obras diversas e, designadamente: *Da boa fé no Direito civil* (1984, 2.ª reimp., 2001), 903 ss., *Da alteração das circunstâncias/A concretização do artigo 437.º do Código Civil, à luz da jurisprudência posterior a 1974*, separata dos *Estudos em Memória do Prof. Doutor Paulo Cunha* (1987) e *Convenções colectivas de trabalho e alterações das circunstâncias* (1995).

52 Contratos públicos

II. A alteração das circunstâncias tem algumas raízes greco-romanas[172]. Em termos dogmáticos, ela ganhou relevância jurídica, a partir do século XII, através dos canonistas. A sua divulgação coube a Bártolo, com a designação *clausula rebus sic stantibus*[173]. A doutrina da *clausula* penetrou, por essa via, no Direito comum europeu dos séculos subsequentes. Ela postulava que a celebração dos contratos era sempre acompanhada da proposição *rebus sic stantibus*: a vigência contratual dependeria da manutenção do *status quo* próprio do momento da conclusão, sem o que a eficácia dos pactos ficava comprometida. O saber, no entanto, se a *clausula* devia ser reportada à vontade das partes ou, pelo contrário, ao próprio Direito objectivo, quais os requisitos exactos da sua verificação e eficácia e quais os seus efeitos concretos nos convénios atingidos, constituíam questões sem resposta, na época. Perante a vaguidade e a insegurança daí resultantes, essa tradição do Direito comum foi interrompida no Humanismo, registando-se, depois, numerosas oscilações na doutrina do Direito europeu[174].

Estas oscilações tão marcadas naquilo que constituiu o tronco comum da cultura jurídica continental explicarão, em parte, a diversidade de soluções que a evolução histórica posterior viria a consagrar.

III. A unidade do pensamento jurídico europeu continental seria quebrada pelas grandes codificações do séc. XIX.

O Direito civil francês negou relevância à alteração das circunstâncias. A jurisprudência, particularmente apegada a uma regra rígida de respeito literal pelos contratos[175], tem sido conclusiva, no Direito privado[176], na recusa do

---

[172] Citem-se, a esse propósito, entre as fontes não jurídicas, POLYBIOS, *Historiae*, 9, 37, CICERO, *De Officiis libri tres*, 1, 10 e 3, 25 e SENECA, *De beneficiis*, 4, 35, 2; entre as jurídicas *vide* AFRICANUS, D. 46.3.38 pr. e I e NERATIUS, D. 12.4.8.

[173] Sobre os primórdios da *clausula rebus sic stantibus* cabe referir, em especial, os estudos de LEOPOLD PFAFF, OTTO FRITZE, GIUSEPPE OSTI, ROBERT FEENSTRA e BECK-MANNAGETTA, analisados, por exemplo, em MENEZES CORDEIRO, *Da boa fé no Direito civil* (2.ª reimp., 2001), 941 ss.. Como obras de síntese e de divulgação, *vide* por último, HANS WIELING, *Entwicklung und Dogmatik der Lehre von der Geschäftsgrundlage*, Jura 1985, 505-511 (506 ss.) e GEORG GIEG, *Der tacita conditione rebus sic stantibus/ Ein Beitrag zur Dogmengeschichte von clausula rebus sic stantibus und Geschäftsgrundlage* (1992), 183.

[174] Para maiores desenvolvimentos, remete-se para as nossas *Da alteração das circunstâncias* cit., 11 ss. e *Convenções colectivas de trabalho e alteração de circunstâncias* cit., 67 ss..

[175] Merece menção, como exemplo, a sentença de Cassação francesa de 6-Mar.-1876, D 1876, I, 193-197, an. ANTOINE GIBOULOT = S 1876, I, 161-163: recusou-se, nela, a revisão do preço devido, por rega, pelos beneficiários do canal de Craponne: tal preço, tendo sido fixado em

reconhecimento da eficácia jurídica à modificação do circunstancialismo que tenha rodeado a celebração dos contratos[177]. Esta posição não deve ser justificada com uma pretensa estabilidade da vida francesa, assim contraposta a convulsões mais marcadas ocorridas na vizinha Alemanha. A França conheceu, em particular nos anos 1870-71, 1914-1918, década de trinta e 1939-45, devido à guerra franco-prussiana e à experiência da Comuna, à primeira guerra mundial, à grande depressão económica e à segunda guerra mundial, convulsões políticas, económicas e sociais profundas, que interferiram largamente no equilíbrio inicial de inúmeros contratos civis. Mesmo então, a jurisprudência recusou qualquer remédio, confirmando o dever de cumprimento escrupuloso dos contratos[178]. Tal bloqueio deve ser imputado a uma certa rigidez dogmática do pensamento jurídico francês, preso nas teias da exegese. Mas outras justificações têm sido apontadas: no tratado de Planiol/ /Ripert/Esmein, explica-se que, nas situações paradigmáticas de alterações das circunstâncias, em períodos de guerra ou similares, nos quais a elevação dos preços das mercadorias provocava prejuízos aparentes nos fornecedores, receava-se que estes detivessem, ainda, reservas anteriores às hostilidades e que aproveitassem a modificação para realizar lucros suplementares: os tribunais temeram que, ao introduzir-se uma possibilidade generalizada de revisão dos contratos, se fosse premiar a má fé e dificultar, em períodos delicados, a vida económica do país[179].

21-Jun.-1567, portanto, então, já há mais de duzentos anos, não tinha significado económico, com prejuízos extremos para a pessoa obrigada a velar pela manutenção do canal.
[176] Adiantando: não assim no Direito administrativo: aí, admitiu-se a possibilidade de rever os contratos de concessão, graças à conhecida doutrina da imprevisão, consagrada, em especial, na decisão do Conselho de Estado, em 30-Mar.-1916, D 1916, 3, 25-33, S 1916, 3, 18-28, an. HAURIOU, a propósito do célebre caso da Companhia de Iluminação de Bordéus, abaixo referenciada.
[177] Cf. ALFRED RIEG, *Contrats et obligations/force obligatoire des conventions*, JCl/Civ, art. 1134, Fasc. II (1977), n.º 39 (12), JACQUES GUESTIN, *Traité de Droit Civil/Les obligations/Le contrat* (1980), n.º 148 (106) e RÉGIS FABRE, *Les clauses d'adaptation des contrats*, RTDC 82 (1983), 1-40 (3-4 e 29).
[178] Um levantamento da jurisprudência francesa que, perante alterações derivadas das convulsões referidas no texto, negou, com unanimidade, a hipótese de rever os contratos atingidos, consta de MENEZES CORDEIRO, *Da boa fé* cit., 958 ss..
[179] MARCEL PLANIOL/GEORGES RIPERT/PAUL ESMEIN, *Traité pratique de Droit Civil français*, VI – *Les obligations*, 2.ª ed. (1952), n.º 392 (530).

IV. Em Itália, o tema da alteração das circunstâncias, depois do impulso recebido no período do Direito comum, caiu numa letargia progressiva. Ressalvadas algumas abertas à tradição da velha *clausula rebus sic stantibus*, pode considerar-se que, na sequência do Código Civil de 1865, e sob o influxo doutrinário do pensamento francês, ele fora recusado, na sua eficácia jurídica. As perturbações profundas causadas pela guerra 1914-18 não levaram a qualquer abertura jurisprudencial: houve, antes, intervenções legislativas destinadas a solucionar problemas inesperados postos, aos contratos já celebrados, pelo novo estado de coisas[180].

Esta situação viria a alterar-se um tanto, por razões científico-culturais. A forte pressão da doutrina alemã, sem significado em França e o peso dos estudos históricos, levaram a doutrina a admitir a revisão de contratos, por superveniência. Surge assim, no Código italiano de 1942, hoje em vigor, um artigo 1467.º, que dispõe[181]:

> Nos contratos de execução continuada ou periódica ou ainda de execução diferida, se a prestação de uma das partes se tornar excessivamente onerosa pelo verificar de ocorrências extraordinárias e imprevisíveis, pode a parte que deva tal prestação pedir a resolução do contrato, com os efeitos estabelecidos no art. 1458.º (efeitos de resolução).
>
> A resolução não pode ser pedida se a onerosidade integrar a álea normal do contrato.
>
> A parte contra a qual é pedida a resolução pode evitá-la oferecendo modificar equamente as condições do contrato.

A lei italiana seguiu, de certo modo, uma via própria. Não utilizou os quadros da velha *clausula rebus sic stantibus* do Direito comum, nem os da imprevisão administrativa francesa, nem as múltiplas construções que, a partir de meados do séc. XIX, viriam da Alemanha. Recorreu, antes, a uma ideia formal dita onerosidade excessiva. Esta, uma vez em vigor, teve, no entanto, um destino curioso: foi entendida, pela jurisprudência[182], apesar dos protestos de alguma

---

[180] Sobre esta experiência, com elementos doutrinários e jurisprudenciais, cf. MENEZES CORDEIRO, *Da boa fé* cit., 980-982.

[181] PIETRO RESCIGNO (org.), *Codice civile*, 1, 6.ª ed. (2006), 1904 ss..

[182] Por exemplo, o Tribunal de Nápoles, em sentença de 16-Out.-1969, vem dizer que a pressuposição, introduzida pelo art. 1467.º do Código Civil, deve ser entendida "... como cláusula explícita em cada contrato, a qual encontra aplicação quando, na base da interpretação negocial, se possa deduzir que aquela situação tenha sido tida em conta pelos contraentes na formação do seu consenso, de modo a formar a pressuposição comum para eles". – Napoli, 16-Out.-1969, FP 20 (1971), 804-818 (817), com an. MARIO BESSONE, desfavorável.

doutrina[183], como uma consagração do conceito da pressuposição, de cariz subjectivista, e devido, sabidamente, a Windscheid[184], abaixo referido. Com esta particularidade, não pode falar-se em qualquer incremento especial da eficácia jurídica da alteração das circunstâncias, no que toca à aplicação, pelos tribunais, do art. 1467.º do Código Civil italiano. Certas limitações jusculturais aos quadros do dogma da vontade a tanto terão conduzido[185].

V. O Direito alemão tornou-se liderante no domínio da alteração das circunstâncias. Num primeiro tempo, a pandectística não se mostrou favorável à figura[186]. Na pandectística tardia, pelo contrário, a alteração das circunstâncias veio a ser considerada relevante, com recurso a outros expedientes técnicos. Muito focada foi a teoria da pressuposição, de Windscheid[187], subjectivo-voluntarística, que apesar de algumas adesões iniciais, caiu sob a crítica acesa de Otto Lenel[188], vendo recusada a sua consagração no Código Civil alemão de 1896. Surgiram, no entanto, numerosas outras tentativas doutrinárias de enquadramento da alteração das circunstâncias, de que se apresenta, apenas, um quadro sintético. A *clausula rebus sic stantibus* foi recuperada, ainda que sem unidade de sentido: Stammler, apelando para uma ideia de efeito social conjunto – nada estranha ao "Direito justo" e ao "ideal social", peças angulares do seu pensamento neo-kantiano – atribui-lhe um conteúdo objec-

---

[183] Assim, MARIO BESSONE, *Presupposizione di eventi e circustanze dell'adempimento*, FP 20 (1971), 804-816 (805) e *Adempimento e rischio contrattuale* (reimp., 1975), 63 ss. e 89 ss., F. CENTELEGHE, *Appunti in tema de presupposizione*, RNot 27 (1973), 293-298 (294), ENZO ROPPO, *Orientamenti tradizionali e tendenze recenti in tema di "presupposizione"*, GI 124 (1972), 211-222 (211) e TARTAGLIA, *Onerosità eccesiva*, ED XXX (1980), 155-175 (158).
[184] Quanto à posição da jurisprudência, próxima da pressuposição, vide GIORGIO CIAN//ALBERTO TRABUCCHI, *Commentario breve al Codice Civile*, 4.ª ed. (1992), art. 1467.º (1189) e art. 1353.º (1081-1082) e PIETRO RESCIGNO (org.), *Codice Civile* cit., 1, 6.ª ed., 1907.
[185] Cf. MENEZES CORDEIRO, *Da boa fé* cit., 982 ss. e 1100 ss..
[186] Cf., como exemplos, GLÜCK, *Pandekten*, 4.ª ed. (1796), § 316 (308 e 309), THIBAUT, *System des Pandektensrechts* I (1805), §§ 155-158 (118-121) e WÄCHTER, *Pandekten* I (1880), 84, Blg. III, 2, 439-440. SAVIGNY passou este tema em silêncio, numa posição considerada significativa pela doutrina especializada. Sobre este período, por último, GEORG GIEG, *De tacita conditione rebus sic stantibus*, cit., 27 ss..
[187] BERNHARD WINDSCHEID, *Zur Lehre des Code Napoleon von der Ungültigkeit der Rechtsgeschäfte* (1847, reimp., 1969), 217-297, *Die Lehre des römischen Rechts von der Voraussetzung* (1850) e *Die Voraussetzung*, AcP 78 (1892), 161-202.
[188] OTTO LENEL, *Die Lehre von der Voraussetzung*, AcP 74 (1889), 213-239, e *Nochmals die Lehre von der Voraussetzung*, AcP 79 (1892), 49-107.

tivado[189] enquanto Pfaff, na esteira de Bekker, apela a uma *clausula* subjectiva, a extrair do contrato pela interpretação[190]. Esta oscilação da velha figura canonística manter-se-ia após entrada em vigor do Código alemão: enquanto Stahl requer uma *clausula* objectiva, na base de um juspositivismo legalista[191], numa posição compartilhada, na forma, por E. Kaufmann, assente numa "qualidade concreta da relação jurídica especial", de sabor neo-hegeliano[192], Leetz subjectiviza-a, apelando para a interpretação dos contratos, a realizar de boa fé[193]. Pouco satisfatórias em termos científico-sistemáticos, estas construções não ofereciam hipóteses, aos intérpretes-aplicadores, de soluções concretas, claras e eficazes. Donde o surgir de outras construções, com relevo para a impossibilidade alargada[194]. Esta, no entanto, levantou dificuldades dogmáticas que obrigaram a jurisprudência alemã a tentar saídas diversas através da normativização pura e simples das alterações, da aplicação directa da boa fé e da excepção de ruína[195], pouco tratadas na doutrina a qual, com algum sucesso, acabaria por lançar o esquema da inexigibilidade[196].

---

[189] RUDOLF STAMMLER, *Das Recht der Schuldverhältnisse* (1897), 92-93 e *Die Lehre von dem richtigen Rechte*, 2.ª ed. (1964, reimp.), 340-341.
[190] PFAFF, *Die Clausula: rebus sic stantibus* cit., 296 e BEKKER, *Pandekten*, 2 (1889), § 119 (367 ss.).
[191] STAHL, *Die Sog. clausula rebus sic stantibus* (1909), 45-48, e *passim*.
[192] ERICH KAUFMANN, *Das Wesen des Völkerrechts und die clausula rebus sic stantibus* (1911), 205-207.
[193] HELMUT LEETZ, *Die clausula rebus sic stantibus bei Lieferungsverträgen* (1919), § 10 ss..
[194] Entre tantos, HEINRICH TITZE, *Die Unmöglichkeit der Leistung nach deutschem bürgerlichem Recht* (1900), 2 e 4, WILHELM KISCH, *Die Wirkungen der nachtraglich eintretenden Unmöglichkeit der Erfüllung bei gegenseitigen Verträgen* (1900), 12 e TEODOR KLEINEDAM, *Unmöglichkeit und Unvermögen nach dem Bürgerlichen Gesetzbuch für das Deutsche Reich* (1900), 14-15; esta posição foi, na época, dominante, tendo merecido adesões de autores como TREITEL, SCHROEDER, CROME, LANDSBERG, COSACK, MITTEIS OERTMANN – este mudaria, depois, de opinião – ARN, BRECHT e WENDT, para referências mais circunstanciadas, cf. MENEZES CORDEIRO, *Da boa fé* cit., 998 e ss..
[195] A normativização da própria alteração das circunstâncias dá-se quando o tribunal, das simples modificações ambientais, retira a necessidade de actuar sobre o contrato, independentemente de quaisquer construções; a aplicação directa da boa fé ocorre quando, perante a alteração, se entenda, em nome daquela, sem mediações, mexer no contrato; a excepção de ruína consiste na paralisação da acção quando, mercê de superveniências, a condenação do devedor, consonante com o contrato, conduzisse à sua ruína. Estas posições documentam-se com a jurisprudência do *Reichsgericht*, conforme levantamento feito em MENEZES CORDEIRO, *Da boa fé* cit., 1007 ss..
[196] A inexigibilidade, trabalhada, em particular, por NIPPERDEY, *Vertragstreue und Nichtzumutbarkeit der Leistung* (1912), 12, postulava que, na alteração das circunstâncias, poderia gerar-se, a partir de certo patamar, a inexigibilidade das prestações envolvidas. A concretização desta figura sus-

VI. As indecisões da doutrina e a grave crise económica registada na Alemanha, no espaço entre as duas guerras, levaram a jurisprudência a reconhecer definitivamente eficácia à alteração das circunstâncias, em nome da boa fé[197].

A boa fé surge como conceito indeterminado, carecido, pois, de concretização ou preenchimento, num conjunto de processos de redução dogmática difícil, em que apenas aos poucos têm sido obtidos resultados. A consagração jurisprudencial da eficácia jurídica da alteração das circunstâncias teve, assim, o sabor de um remédio casuístico para injustiças evidentes. Num panorama dominado pela incerteza e pela instabilidade, a alteração das circunstâncias foi retomada, em termos de patente contacto com a pressuposição de Windscheid, através de Oertmann, que lançou o mote conhecido da base do negócio[198]. Na sequência desta inovação, mais linguística do que substantiva, iniciou-se, de novo, a oscilação pendular entre as construções subjectivas e objectivas[199]. A base do negócio foi, nominalmente, recebida na jurisprudência: incapaz de transmitir uma concepção doutrinária clara e unitária, ela funcionou mais como designação genérica para a própria ocorrência de uma alteração das circunstâncias, do que como teoria portadora de um regime para o problema. Num último esforço, Karl Larenz tentou fundir as grandes correntes anteriores, distinguindo uma base do negócio objectiva e uma subjectiva[200]. A crítica foi imediata, generalizada e concludente[201], o que não impediu um certo

---

citou várias posições, com relevo para a tese de H. HENKEL, *Zumutbarkeit und Unzumutbarkeit als regulatives Rechtsprinzip*, FS E. Mezger (1954), 249-309; não logrou, no entanto, transcender o forte formalismo que dela emana.

[197] Foi decisiva a sentença do RG de 28-Nov.-1923, RGZ 107 (1924), 78-94 = JW 1924, 38-43 = DJZ 1924, 58-65.

[198] PAUL OERTMANN, *Die Geschäftsgrundlage/ Ein neuer Rechtsbegriff* (1921); desse autor, cf., também *Geschäftsgrundlage*, HWB/RW 2 (1927), 803-806. Quanto à passagem de WINDSCHEID a OERTMANN: GEORG GIEG, *De tacita conditione rebus sic stantibus* cit., 9-19.

[199] Assim, à de OERTMANN, seguem-se as propostas de LOCHER, *Geschäftsgrundlage und Geschäftszweck* (1923), 1-111, objectivas e de HEINZ RHODE, *Die beiderseitige Voraussetzung als Vertragsinhalt*, AcP 124 (1925), 257-322, subjectivas; intervieram, depois, numerosos outros autores na contenda, optando ora por uma, ora por outra, das duas posições fundamentais.

[200] KARL LARENZ, *Geschäftsgrundlage und Vertragserfüllung*, 3.ª ed. (1963), *Zum Wegfall der Geschäftsgrundlage*, NJW 1952, 361-363, *Allgemeiner Teil des Bürgerlichen Rechts*, 7.ª ed. (1989), 391 e ss. e *Lehrbuch des Schuldrechts* I – *Allgemeiner Teil*, 14.ª ed. (1987), 320 ss.. Actualizadamente: KARL LARENZ/MANFRED WOLF, *Allgemeiner Teil*, 9.ª ed. (2004), 697 ss..

[201] Por todos, cf. ESSER, *Fortschritte und Grenzen der Theorie von der Geschäftsgrundlage bei Larenz*, JZ 1958, 113-116; vide os elementos referidos em MENEZES CORDEIRO, *Da boa fé* cit., 1048 ss.. Note-se que, independentemente da doutrina alemã, a base do negócio, tal como surgiu da pena de

sucesso desta concepção, não na sua terra de origem, mas em Portugal. Adiante veremos como operou, em 2001, a codificação civil alemã da alteração das circunstâncias.

16. A experiência portuguesa

I. No domínio das Ordenações, o fenómeno da alteração das circunstâncias era esporadicamente referido[202].

Na preparação do Código Civil de Seabra, o tema da alteração das circunstâncias não foi suscitado. E o Código em causa, ao dispor as regras da pontualidade no cumprimento dos contratos e da exoneração do devedor, apenas por caso fortuito ou de força maior – artigos 702.º e 705.º –, indiciou mesmo uma orientação de fundo contrária ao reconhecimento da figura.

O tema colocou-se, no espaço português, por via doutrinária, actuando sob pressão de deslocações culturais provenientes de outros ordenamentos. Este estado, em conjunção com um certo individualismo que informa os autores portugueses, permitiu, ao longo deste século e até à publicação do Código Civil de 1966, o florescimento de orientações variadas. É possível distinguir, a tal propósito, cinco posições de base, a que se fará referência sucinta.

II. Como primeira orientação surge o negativismo. Amparados no silêncio do Código de Seabra, o qual contracenaria com uma regra de respeito particular pelos contratos, vários autores opinariam pela irrelevância da alteração[203], a qual seria, assim, desconhecida no nosso Direito.

Uma segunda tendência, tipicamente nacional, admitia tal relevância, em casos marginais. Para tanto, acolhia-se a certas particularidades do articulado de

---

LARENZ, já havia sido criticada, em Portugal, por INOCÊNCIO GALVÃO TELLES, *Manual dos contratos em geral*, 3.ª ed. (1966), 248 ss.. Uma panorâmica actual da doutrina e da casuística alemã pode ser confrontada em PALANDT/HEINRICHS, *BGB*, 66.ª ed. (2007), § 313, bem como em DIETER MEDICUS, *Allgemeiner Teil des BGB*, 8.ª ed. cit., 335 ss., além da já citada última edição do *Allgemeiner Teil* de LARENZ/WOLF.

[202] A evolução histórica do tema pode ser confrontada em LUÍS SILVEIRA, *A teoria da imprevisão* (1962), 28 ss. e CARVALHO FERNANDES, *A teoria da imprevisão no direito civil português* (1963), 164.

[203] Por exemplo, VAZ SERRA, *Caso fortuito ou de força maior e teoria da imprevisão*, BFD 10 (1929), 197-215 (208) – este Autor mudaria, depois, de ideias, PIRES DE LIMA/ANTUNES VARELA, *Noções fundamentais de direito civil* (1973, reimp.), I, 308, FREIRE DOS SANTOS, *A teoria da imprevisão no direito privado*, ROA 10 (1950), 244-276 (272) e DIAS MARQUES, *Teoria geral do Direito civil*, II (1959), 180-181.

Seabra. Nessa linha, Barbosa de Magalhães atentava no artigo 702.º do Código velho, que imputava o contrato ao mútuo consenso das partes: havendo alterações das circunstâncias, desapareceria o consenso, e logo, o contrato[204]. Outros autores tentavam responder ao problema com o alargamento da ideia do caso fortuito[205].

Uma terceira posição, publicista, aceitaria, no Direito administrativo, a teoria da imprevisão, tal como foi desenvolvida pela jurisprudência do Conselho de Estado francês[206]. Trata-se de um tema abaixo retomado.

A quarta tese aproxima-se do institucionalismo bettiano. Na sequência de Ferrara e de Betti, postula-se o Direito das obrigações como marcado pela ideia de cooperação. Ora a alteração das circunstâncias, sobrevindo, viria retirar aos vínculos concretos qualquer base cooperatória: donde a necessidade de modificar ou extinguir o contrato atingido[207].

Por fim, a quinta orientação veio a colocar-se na linha das construções alemãs. Assiste-se, então, à recepção da pressuposição windscheidiana[208] e, depois, ao acolhimento da base do negócio, primeiro, ainda, sob a designação de pressuposição[209] e, depois, em termos directos[210].

III. No período de preparação do Código Civil (1966), a última das orientações acima referidas levaria a melhor. Para tanto, mais do que razões de ordem prática, terão contribuído o movimento global de recepção da doutrina

---

[204] BARBOSA DE MAGALHÃES, *A teoria da imprevisão e o conteúdo clássico da força maior*, GRLx 37 (1923), 129-131. Contra: PAIVA BRANDÃO, *Considerações sobre o problema da imprevisão*, Supl. 17 BFD (1944), 173-262 (230-231).
[205] Nesse sentido, é possível coligir afirmações de REIS MAIA, *Direito geral das obrigações* (1926), 476, de CUNHA GONÇALVES, *Tratado de Direito Civil*, 4.º vol. (1931), 531-534 e de RICARDO LOPES, *A imprevisão nas relações contratuais*, SI I (1951), 33-41 (40).
[206] Por exemplo, MARCELLO CAETANO, *Manual de Direito administrativo* cit., 1, 10.ª ed., 623 ss.. Cf. também, ALFREDO ROCHA DE GOUVEIA, *Do instituto da superveniência ou teoria da imprevisão nos contratos civis* (1956-57, dact.), 164 ss. (165) = *Da teoria da imprevisão nos contratos civis*, Supl. RFDUL 5 (1958), 170 ss. (171).
[207] Tal a tese de CARVALHO FERNANDES, *A teoria da imprevisão* cit., 87-91.
[208] Através de GUILHERME MOREIRA, *Instituições de Direito Civil*, I (1907) 496 ss., retomado por J. G. PINTO COELHO, *Das cláusulas acessórias dos negócios jurídicos*, 2 (1910), 170 ss..
[209] Assim, MANUEL DE ANDRADE, *Teoria geral da relação jurídica*, 2 (1960), 403 ss., e CABRAL MONCADA, *Lições de Direito Civil*, 3.ª ed. (1957), 397 ss..
[210] Tal o caso de ANTUNES VARELA, *Ineficácia do testamento e vontade conjectural do testador* (1950), 263 ss. e de VAZ SERRA, nos trabalhos preparatórios do actual Código Civil, a que se fará, abaixo, referência.

alemã, iniciada nos princípios do século por Guilherme Moreira e o peso de autores que a defendiam, na Comissão elaboradora do Código Civil.

De relevo foi, em especial, a posição de Vaz Serra. Este Autor está, sabidamente na origem de boa parte dos anteprojectos relativos ao Direito das obrigações, tendo acompanhado a apresentação dos diversos articulados por estudos de política legislativa, de teor monográfico, que, em conjunto, constituem uma obra considerável.

O pensamento de Vaz Serra, fortemente apoiado no de Antunes Varela[211], foi, de algum modo, favorável à ideia da base do negócio. Tal pensamento transitaria para o projecto, onde não deixou de ser criticado[212] e, daí, para o Código Civil.

17. A "base do negócio"

I. A literatura consagrada associa o tema da alteração das circunstâncias à denominada base do negócio. Cumpre-nos, por isso, proceder ao exame dessa noção.

Na fórmula original, de Oertmann, a base do negócio é:

> (...) a representação de uma parte, patente na conclusão de um negócio e reconhecida pela contraparte eventual, da existência ou do surgimento futuro de certas circunstâncias sobre cuja base se firma a vontade[213].

À semelhança da pressuposição de Windscheid, a base do negócio de Oertmann é subjectiva: justificar-se-ia, na sua eficácia, e delimitar-se-ia, no seu âmbito, por, tal como o negócio, emergir da vontade dos celebrantes. Mas vai mais longe: enquanto, para Windscheid, à pressuposição, para ser eficaz, bastaria ser cognoscível pela contraparte[214], Oertmann requer que ela seja efectivamente conhecida ou comum.

---

[211] VAZ SERRA, *Resolução ou modificação dos contratos por alteração das circunstâncias*, sep. BMJ 68 (1957); V. SERRA, sobretudo no domínio do conhecimento do pensamento jurídico alemão, amparou-se no estudo de ANTUNES VARELA, *Ineficácia do testamento* cit., escrito em 1950. Cf. as citações de VAZ SERRA, *Resolução ou modificação* cit., 24 35, 25 39 e 26 40.

[212] Por exemplo, por CARVALHO FERNANDES, *Imprevisão* cit., 249.

[213] PAUL OERTMANN, *Geschäftsgrundlage* cit., 37.

[214] Escreve WINDSCHEID: "a pressuposição é uma condição não desenvolvida (uma limitação da vontade que não se desenvolve para condições)" – *Lehre von der Voraussetzung* cit., I. O interessado só pode alegar a pressuposição "... quando da sua declaração de vontade se possa reconhecer que

II. Esta doutrina veio desencadear diversas críticas, metodológicas e de fundo[215]. No fundamental: tudo quanto, de válido e eficaz, possa ser imputado à vontade das partes, consta do negócio; por isso, a alteração das circunstâncias, a actuar através da vontade das partes, há-de filtrar-se no contrato. Fora disso, apenas o Direito objectivo, independentemente de quaisquer vontades, pode agir no que tenha sido acordado. A alteração das circunstâncias mais característica é aquela que surge totalmente de surpresa para as partes ou para uma delas. E aí, a base do negócio subjectiva nunca daria solução.

Os diversos óbices opostos à doutrina de Oertmann ocorreram, logo depois da apresentação da base do negócio, em 1921. Seguiram-se, por isso, várias propostas de reformulação do conceito, acima enunciadas, que desembocaram no esquema de Larenz, sugerido, pela primeira vez, em 1951.

III. Nos aspectos fundamentais, Larenz procurou sintetizar as orientações subjectivas de Windscheid e de Oertmann e as objectivas de E. Kaufmann, Krückmann e Löcher. Entende, nessa linha, que a base do negócio pode ser utilizada em dois sentidos, subjectivo e objectivo. A base subjectiva corresponde à representação, pelas partes, no fecho do contrato, dos factores que tenham tido um papel determinante no processo da sua motivação; a objectiva abrange o conjunto das circunstâncias cuja existência ou manutenção, com ou sem consciência das partes, é necessária para a manutenção do sentido contratual e do seu escopo[216]. Ora, segundo Larenz: na base subjectiva, seria contrário à boa fé que, tendo sido suprimidos os fundamentos do contrato, aceites por ambas as partes, uma delas venha a exigir, à outra, a execução imutada do convénio; na objectiva, haveria que distinguir dois tipos de hipóteses: num deles, dar-se-ia a perturbação na equivalência das prestações, de tal forma que a relação de valor existente entre elas alterar-se-ia para além do risco normal do contrato; no outro, verificar-se-ia a frustração do escopo contratual, em termos tais que o objectivo das prestações ficaria impossível, sem imputação, pelo risco, a qualquer das partes.

IV. No seu esquematismo claro, a construção de Larenz deu azo a críticas. De entre as várias censuras, salientem-se as principais. Quanto à "base objec-

---

sob a sua declaração de vontade está uma outra, a verdadeira, isto é, quando da sua declaração de vontade, o motivo se tenha elevado a pressuposição" – *Lehre von der Voraussetzung* cit., 6.
[215] Vide MENEZES CORDEIRO, *Da boa fé* cit., 1032 ss..
[216] KARL LARENZ, *Geschäftsgrundlage*, 3.ª ed. cit., 17.

tiva": ela só poderia ser determinada com recurso ao próprio contrato, à sua interpretação e, logo, à vontade das partes, uma vez que a estas compete determinar o tipo de equivalência existente[217] entre a prestação e a contraprestação e, de igual modo, firmar a margem do risco que considerem aceitável[218], enquanto que o escopo contratual é, por definição, função de cada contrato e das vontades nele corporizadas. No que tange à "base objectiva": o recurso a intenções e a pressuposições comuns das partes torna-se impraticável sem a introdução de critérios objectivos. Pode considerar-se que a construção de Larenz perdeu terreno na sua terra de origem[219], embora, mais tarde, tivesse conhecido alguma recuperação legislativa.

Em Portugal, ela manteve, por mera inércia, a atenção de alguns autores, embora, e bem, seja desconhecida da jurisprudência, que apenas a cita como referência.

A base do negócio tornou-se uma fórmula vazia. Isto é: tendo sido utilizada, sucessivamente, para exprimir uma orientação clara e firme, um conjunto de posições diversas, dentro de um tronco fundamental, uma série de respostas diferentes para o mesmo problema e, por fim, uma série de construções distintas para questões variadas, ela acabou por perder conteúdo dogmático e normativo. A locução "base do negócio" traduz, apenas, um espaço de discussão: ela corresponde, no fundo, ao próprio fenómeno da alteração das circunstâncias, seja qual for a solução para ele encontrada.

---

[217] Repare-se que a denominada equivalência entre as prestações não pode ser valorada em termos objectivos puros. O Direito admite, como lícitos e válidos, contratos totalmente desequilibrados – *maxime*, a doação; tudo está pois em saber qual a vontade das partes negocialmente expressa e relevante.

[218] Também aqui não é possível avançar num caminho puramente objectivo. O Direito reconhece, ainda que em termos variáveis, contratos totalmente aleatórios. No fecho do contrato, as partes podem, assim, regular o esquema do risco, caindo-se no regime supletivo legal se nada for dito.

[219] Em MENEZES CORDEIRO, *Da boa fé* cit., 1048, nota 570, citam-se, em abono, autores como ESSER, ENNECCERUS/LEHMANN, KEGEL, SCHMIDT-RIMPLER, M. LANGE, BROX, W. WEBER, STÖTTER, RODHOEFT, BEUTHIEN, FIKENTSCHER, KÖHLER, MEDICUS, HÄSEMEYER e CHIOTELLIS, onde se incluem os especialistas reconhecidos nesta matéria; entre nós, já anteriormente se havia pronunciado contra a geometria de LARENZ, INOCÊNCIO GALVÃO TELLES, *Manual dos contratos em geral*, 3.ª ed. cit., 248-249, acima referido.

B – A concorrência de outros institutos

18. *A teoria do risco*

I. A insuficiência jurídico-científica da base do negócio e do pensamento contratualístico-liberal que lhe estava subjacente, deu azo a outras orientações. Intentou-se, sucessivamente, solucionar o tema da alteração das circunstâncias com recurso à teoria do risco, ao princípio da protecção da confiança e à interpretação contratual. Vamos ponderar essas diversas e possíveis vias de solução.

II. A teoria do risco parte da regra segundo a qual o dano é comportado pela esfera jurídica onde se verifique: *casum sentit dominus, the loss lies where it falls*. Na vida de relação que o Direito legitima, a margem de risco é, em simultâneo, margem de lucro: o dano numa esfera é, comummente, uma mais-valia noutra. Contratar é perigoso e, por isso, atraente: cada parte sabe, de antemão, que o seu grande sucesso acarreta o insucesso da outra parte, e assim por diante. Defender, entre as partes, a existência de uma comunidade de interesses releva, nos contratos patrimoniais, o mais das vezes, de um romantismo jurídico, sem correspondência nas realidades e que, como tal, deve ser abandonado, enquanto instrumento técnico-jurídico[220]. Como regra, o princípio do risco conduz a que as superveniências se repercutam, apenas, na esfera que as sofra. Mas esta mesma regra comportaria um corpo de limites que, pela negativa, dariam o âmbito da eficácia da alteração das circunstâncias. Para além de certas margens, o dano superveniente ultrapassaria a margem de risco inerente à contratação. Quando se concretizasse, haveria que repercutir o dano noutras esferas jurídicas e, em especial, na da contraparte[221]. A colocação da alteração

---

[220] Este fenómeno surge, em especial, estudado no domínio do Direito do Trabalho, onde uma alegada comunidade de interesses trabalhador-empregador já foi mesmo utilizada para autonomizar o juslaboralismo do Direito das obrigações. Tais tentativas estão, hoje, abandonadas. Cf. MENEZES CORDEIRO, *A situação jurídica laboral: perspectivas dogmáticas do Direito do Trabalho*, sep. ROA (1982), 27 ss..

[221] A teoria do risco como modo de solucionar a alteração das circunstâncias estava já presente em ERNST RABEL, *Das Recht des Warenkaufs* (1936, reimp. 1964), I, 357, e foi, em especial, desenvolvida por GERHARD KEGEL, em vários escritos *maxime* em *Empfiehlt es sich den Einfluss grundlegender Veränderungen des Wirtschaftslebens auf Verträge gesetzlich zu regeln und in welchem Sinn?* em Gutachten für den 40. DJT (1953), I, 137-236 (199 ss.). Trata-se de uma posição retomada pelos escritos mais significativos que, na actualidade, se têm dedicado à alteração das circunstâncias.

das circunstâncias como tema da distribuição do risco corresponde a uma forma enriquecedora de ver o problema. Só por si, no entanto, ela não resolve: a ideia de risco, em si mesma, não traz regras da sua própria limitação e da sua distribuição. Para o efeito, haverá que recorrer ao Direito objectivo e à vontade das partes. Mas ela permite, sem dúvida, um ponto de partida para novas discussões.

19. *A protecção da confiança*

I. A tentativa de equacionar a alteração das circunstâncias com recurso ao princípio da protecção da confiança deve-se a Wolfgang Fikentscher, tendo sido desenvolvida a propósito da teoria do risco[222]. Este autor explica, no essencial, que o risco é expressão da autonomia privada. Ao contratar, cada parte submete-se a um factor de insegurança: o risco daí adveniente, a determinar pela interpretação do contrato, pelos costumes do tráfego, pelas condições contratuais gerais e pela lei, delimita o conteúdo do contrato. Ora tal realidade, que constitui fundamento de uma sociedade jurídica assente na livre contratação, é conhecida pelas partes. Na celebração do contrato, as partes confiam, no entanto, ou podem fazê-lo, na manutenção de certas circunstâncias: seria a base de confiança, que abrange tudo o que não se integre no campo do risco contratual. Ultrapassada essa base de confiança, a prestação poderia tornar-se inexigível, por força do princípio da boa fé.

II. A construção de Fikentscher é útil por dar uma via de concretização da boa fé, susceptível de actuar na alteração das circunstâncias. De facto, um dos

---

Assim: WIEACKER, *Gemeinschaftlicher Irrtum* cit., 250; FIKENTSCHER, *Geschäftsgrundlage* cit, *infra*, nota 136, 31; WILHELM HAARMANN, *Wegfall der Geschäftgrundlage bei Dauerrechtsverhältnissen* (1979), 57 ss.; WERNER FLUME, *Allgemeiner Teil des bürgerlichen Rechts*, II – *Das Rechtsgeschäft*, 4.ª ed. (1992), 528; DIETRICH ROTHOEFT, *Risikoverteilung bei privatautonomen Handeln* AcP 170 (1970), 230-244 (243); HELMUT KÖHLER, *Unmöglichkeit und Geschäftsgrundlage bei Zweckstörungen im Schuldverhältnis* (1971), 162-163; PETER ULMER, *Wirtschaftslenkung und Vertragserfüllung*, AcP 174 (1974), 167-201 (181 e 185); INGO KOLLER, *Die Risikozurechnung bei Vertragsstörungen in Austauschverträgen* (1979), 44; A. CHIOTELLIS, *Rechtsfolgenbestimmung bei Geschäftsgundlagenstörungen in Schuldverträgen* (1981), 41; HEINRICH DÖRNER, *"Mängelhaftung" bei sperre des transferierten Fussballspielers?*, JuS 1977, 225-228 (227-228).
[222] WOLFGANG FIKENTSCHER, *Die Geschäftsgrundlage als Frage des Vertragsrisikos/dargestellt unter besonderer Berücksichtigung des Bauvertrages*, (1971). Para uma análise mais circunstanciada, *vide* MENEZES CORDEIRO, *Da boa fé* cit., 1060 ss..

vectores da boa fé, perfeitamente claro na denominada boa fé subjectiva, reside justamente na tutela da confiança, isto é, na protecção da pessoa que, de modo justificado, acredite num certo estado de coisas. Mas para além disso, torna-se vaga. A base de confiança, a recortar negativamente na margem de risco admissível, releva, afinal, em função da lei e da vontade das partes, pelo que, só por si, não dá a chave de todas as questões.

III. O apelo à confiança tem uma importante margem de aplicação no moderno Direito administrativo. Adiante veremos as hipóteses dogmáticas que ela nos abre.

20. *A interpretação contratual; cláusulas de* hardship

I. Há, de seguida, uma tendência significativa de solucionar a alteração das circunstâncias com recurso a uma interpretação contratual melhorada. A ideia-base, apresentada por Schmidt-Rimpler[223], assenta no seguinte: nas ordens jurídicas do nosso tipo, o contrato vale por si, isto é, traduz, em si mesmo, um valor. Ele não vincula, por isso, apenas pela necessidade moral de cumprir a palavra dada, mas, também, pela valoração que traduz. Tal valoração emerge de uma série de representações das partes que, no conjunto, formam a "base da valoração do negócio". Caso tal valoração desapareça, mercê de superveniências, o princípio contratual requer a supressão do contrato atingido.

A grande novidade – embora com múltiplos antecedentes – reside aqui na apresentação da eficácia da alteração das circunstâncias não como excepção à regra *pacta sunt servanda*, mas como expressão dessa mesma regra. Está-se, no entanto, a lidar com um sentido particular de tal preceito, o que retira impacto à doutrina. No entanto, ela tem prolongamentos dogmáticos.

II. Ninguém duvida de que qualquer alteração das circunstâncias pode, a ser prevista, encontrar solução cómoda e válida no articulado contratual. A tal propósito fala-se nas cláusulas de *hardship*: cláusulas pelas quais as partes estabelecem um dever de renegociar o contrato, caso opere uma alteração das

---

[223] WALTER SCHMIDT-RIMPLER, *Zum Problem der Geschäftsgrundlage*, FS Nipperdey (1955), 1-30. Uma explicação mais detida do pensamento deste autor e de outras posições congéneres consta de MENEZES CORDEIRO, *Da boa fé* cit., 1066 ss.. Uma tese semelhante à de SCHMIDT-RIMPLER foi defendida, entre nós, por LUÍS LINGNAU SILVEIRA, *A teoria da imprevisão*, (1962).

circunstâncias[224]. As cláusulas de *hardship* são especialmente importantes em contratos internacionais[225] e em contratos de longa duração[226]. Elas podem ser mais ou menos explícitas. Todavia, quando as partes não se entendam, haverá que regressar ao Direito e às Leis.

Justamente: quando faltem cláusulas de *hardship* ou similares, pode-se entender que houve uma como que omissão das partes, numa conjunção semelhante à lacuna contratual[227]. Cabe, então, proceder à integração, de acordo com as regras gerais e, designadamente, à vontade hipotética das partes, passada pelo crivo da boa fé. Recorde-se, a tal propósito, o artigo 239.º do Código Civil português.

III. De novo deparamos aqui com uma perspectiva importante, que não deve ser esquecida. Não há dúvidas de que as partes podem prever alterações de circunstâncias e estipular para tal eventualidade. Quando o façam, o problema fica resolvido. Do mesmo modo, pode acontecer que tal estipulação não tenha sido clara, mas que se imponha, perante a interpretação do contrato.

Mas daí não pode concluir-se linearmente que, na falta de cláusulas específicas destinadas a enfrentar alterações futuras eventuais, haja lacuna, seguindo--se uma integração comum. A lacuna contratual – que envolve sempre lacuna do Direito pois, de outro modo, teria lugar a aplicação da norma subsidiária existente, não cabendo falar de lacuna – traduz uma falta de estipulação onde, pela lógica interna do próprio negócio considerado, deveria haver um clausulado. Na alteração das circunstâncias, o problema é outro: há uma estipulação consentânea com a lógica do convénio em causa e com a agravante de tal estipulação ser legítima, válida e eficaz. Não se trata, pois, de integrar vácuos regulativos, mas de afastar normas válidas funcionais e aplicáveis, em nome de uma lógica que não mais se pode reclamar da vontade das partes.

---

[224] JÚLIO GOMES, *Cláusulas de hardship*, em ANTÓNIO PINTO MONTEIRO (coord.), *Contratos: actualidade e evolução* (1997), 167-204 (167 e 188-189).

[225] FRIEDRICH GRAF VON WESTEPHALEN, *Fallstricke bei Verträgen und Prozessen mit Auslandberührung*, NJW 1994, 2113-2120 (2118).

[226] ROLF WINKLER, rec. a FRITZ NICKLICH (org.), *Der komplexe Langzeitvertrag*, NJW 1988, 617-618 (618).

[227] Nesse sentido, o trabalho de FRITZ NICKLICH, *Ergänzende Vertragsauslegung und Geschäftsgrundlage – ein einheithiches Rechtsinstitut zur Lückenausfüllung?*, BB 1980, 949-953. Também WIELING, *Entwicklung und Dogmatik der Lehre von der Geschäftsgrundlage* cit., 511, embora por via diversa, se fixa na interpretação como fórmula da alteração das circunstâncias. Cf., ainda, o paralelo de MARIE LUISE HILGER, *Vertragsauslegung und Wegfall der Geschäftsgrundlage im betrieblich-kollektiven Bereich*, FS. Larenz/80. (1983), 241-255 (243 ss. e 250 ss.).

Esta contradição explicará, sem dúvida, muitas das dificuldades que, ao longo dos séculos, a Ciência do Direito tem sentido, perante o tema da alteração das circunstâncias.

IV. Por fim, cumpre dar conta de uma evolução da interpretação contratual complementadora. Na sua base, estão determinadas orientações económicas segundo as quais as empresas e os contratos estão num *continuum*[228]. A esta luz e ao contrário do que resultaria de uma análise jurídica tradicional, os contratos devem ser tomados como algo de dinâmico e não como um acontecimento cristalizado.

Ao celebrarem um contrato, sobretudo quando o façam para vigorar no médio ou no longo prazo, as partes aceitam, manifesta e antecipadamente, a representação de que saberão renegociar os aspectos que venham a ser perturbados pela evolução conjuntural, de tal modo que as situações respectivas nunca venham a piorar substancialmente.

Nestas condições, poderá falar-se num dever de renegociar o contrato atingido[229]. Quando esse dever não seja espontaneamente acolhido e observado, haverá que recorrer a terceiros e, *maxime*, ao tribunal.

21. *A natureza subsidiária da alteração das circunstâncias*

I. As três orientações acima referidas, quando tomadas isoladamente, não são suficientes para solucionar a questão da alteração das circunstâncias.

Cada uma delas permite, no entanto, esclarecer aspectos importantes da matéria em jogo, dentro do Direito privado. De facto, torna-se patente que muitas das questões apresentadas, na aparência, como relevando da alteração das circunstâncias são, na realidade, explicáveis com recurso à teoria do risco, ao princípio da protecção da confiança ou às regras da interpretação contratual, mais ou menos alargada. Exige-se, assim, hoje, uma consideração mais analítica dos problemas que lhe têm sido reconduzidos[230].

---

[228] Cf., em especial, ROTH, *Der Zivilprozess zwischen Rechtsklärung und Rechtschöpfung*, FS Habscheid (1989), 253-263 (255 ss.).
[229] Em geral, cf., já, NORBERT HORN, *Neuverhandlungspflicht*, AcP 181 (1981), 255-288 (256 e *passim*).
[230] Esta orientação, que resultava já da literatura anterior a 1983 – cf. MENEZES CORDEIRO, *Da boa fé* cit., 1080 ss. – tem merecido um acolhimento pacífico na literatura posterior. Assim, por

As tentativas da redução global acima sumariadas falham perante a vastidão do problema. Mas elas podem operar, em áreas mais concisas, como factores de delimitação do instituto. E nessa delimitação devem intervir outros esquemas, cujo regime, pela sua própria estrutura, permita corresponder a modificações ambientais.

Pode, pois, considerar-se que a alteração das circunstâncias tem, hoje, aplicação supletiva: funciona quando o problema em causa não possa ser enquadrado com recurso a institutos de Direito civil estrito.

II. Poder-se-ia ir mais longe: perante o movimento crescente de depuração da alteração das circunstâncias, com recurso aos institutos mais precisos, acima referidos, cabe perguntar se, da alteração das circunstâncias tradicional, ainda resta algo.

Flume responde pela negativa[231]. A alteração das circunstâncias teria cumprido o seu papel histórico, conquistando, para o Direito, toda uma série de fenómenos que, de outro modo, escapariam ao universo jurídico. Mas a Ciência do Direito não terá estancado: na base das soluções obtidas através de uma conceitologia informe e algo empírica, ter-se-ia passado a uma fase de codificação dos resultados obtidos, com redistribuição, em conceitos mais precisos, das soluções primeiro encontradas.

À depuração da alteração das circunstâncias ter-se-ia seguido a sua desarticulação.

A ideia base de Flume, compartilhada, aliás, pela generalidade dos autores, acima referenciados, que delimitam a alteração das circunstâncias com recurso a vários factores, e nunca impugnada, ao que se sabe, por qualquer estudioso da matéria, merece acolhimento.

A história mostra que o progresso do Direito actua, precisamente, a partir de soluções vagas, quase intuitivas ou de sentimento, as quais, mercê da experiência, se estabilizam em institutos mais concretos. A boa fé, tem, em especial, funcionado como cadinho, nesse aspecto: instrumentos hoje precisos, como a compensação, a retenção ou a excepção do contrato não cumprido, tiveram a sua origem nos velhos *bonae fidei iudicia*. No caso da alteração das circunstâncias, há indubitáveis tensões nesse mesmo sentido: o aparecimento de melho-

---

exemplo, ESSER/SCHMIDT, *Schuldrecht I – Allgemeiner Teil*, 6.ª ed. (1984), 333 e HEINZ HÜBNER, *Allgemeiner Teil des Bürgerlichen Gesetzbuches* (1985), 430 ss.. Hoje, cumpre referir, sempre nesta mesma direcção, GERD LEMBKE, *Vorhersehbarkeit und Geschäftsgrundlage* (1991), 24-25.

[231] FLUME, *Allgemeiner Teil* cit., 2, 4.ª ed. cit., § 26,7 (525).

rias sérias nos institutos da distribuição do risco, da protecção da confiança e da interpretação contratual permitiram resultados claros na precisão das soluções, em detrimento de uma alteração das circunstâncias primitiva, extensa e vaga.

Mas ela não pode ser levada até ao fim.

III. Os progressos científicos, na alteração das circunstâncias como noutros domínios, são indubitáveis e merecem conhecimento e apoio. Mas não devem ser absolutizados. O fenómeno das superveniências contratuais, por definição, é susceptível de assumir formas muito variadas. O legislador não pode prevê--las a todas, de modo exaustivo, a não ser com recurso a conceitos indeterminados, de que a boa fé constitui exemplo acabado. O problema último da alteração das circunstâncias reside na existência de um contrato válido e, como tal, querido pelo Direito mas que, mercê de superveniências, entra em contradição com postulados básicos do sistema, expressos, por tradição românica, pela locução "boa fé". Tais postulados podem compreender vectores diversificados, tais como as ideias de colaboração, de igualdade ou, até certos direitos fundamentais. A colaboração apela para o escopo dos contratos, a prosseguir por ambas as partes e que perde o sentido quando modificações ambientais o distorçam. A igualdade sugere que a manutenção, da mesma regulação, em circunstâncias diferentes, conduz ao arbítrio do acaso[232]. Os direitos fundamentais recordam que, em caso algum – mas tal sucederá em hipóteses-limite – podem, pela execução de um contrato, ser postos em causa os valores fundamentais do ordenamento, consagrados, em regra, nas Constituições modernas[233]. Os postulados questionados pela alteração variam, conforme os casos.

Seja, porém, qual for o valor expresso, em concreto, pela boa fé, nos casos efectivos de alterações supervenientes, deve-se ter presente que o contrato subsiste válido e eficaz. Põe-se, desta forma, um problema de contradição entre princípios, igualmente válidos e eficazes: a autonomia privada e a boa fé. Tal situação, durante muito tempo considerada ilógica e impossível, mas que hoje é reconhecida[234], implica a superação dos quadros cartesianos do raciocínio jurídico e da sistemática kantiana da redução unitária do Direito. Há que

---

[232] Releva-se, pois, dos diversos aspectos de igualdade, aquele que, desde o Direito romano, está na base do Direito civil: a proscrição do arbítrio.
[233] Uma das fontes de concretização dos conceitos indeterminados e das denominadas cláusulas gerais estaria nos direitos fundamentais; vide MENEZES CORDEIRO, *Da boa fé* cit., 1278.
[234] Já defendida por ENGISCH, *Die Einheit der Rechtsordnung* (1935), 64.

reconhecer, no sistema jurídico, a existência de fracturas, de contradições, de vácuos intra-sistemáticos, que só a nível da decisão podem ser solucionados.

A alteração das circunstâncias representa, tudo visto, uma zona de crescimento do Direito, onde o aplicador tem de decidir na base de modelos que comportam pontos de vista contraditórios. No fundo, ela deriva da tensão existente entre as insuficiências do Direito e o dever imperioso de não denegar justiça, quando ela seja pedida aos tribunais.

O âmbito da alteração das circunstâncias é estreito e vê a sua margem reduzir-se, de dia para dia. Mas deve manter-se, até como garantia de aperfeiçoamento do sistema.

C – A codificação da alteração das circunstâncias

22. *A reforma alemã de 2001/2002*

I. Algumas codificações modernas previram, de modo expresso, a figura da alteração das circunstâncias. Antes de ponderar a aplicação do nosso artigo 437.º do Código Civil, cumpre referir a experiência alemã. Embora muito posterior à portuguesa, ela tem um interesse especial por, de certa forma, equivaler à bissectriz possível de toda a evolução anterior.

II. A codificação alemã da alteração das circunstâncias ocorreu por via da denominada "Lei para a modernização do Direito das obrigações" ou *Gesetz zur Modernisierung des Schuldrechts*[235]. Essa reforma traduziu-se por uma série de alterações no BGB, entre as quais a introdução de um novo § 313, sobre "base do negócio"[236]. A correspondente proposta vinha já de 1991[237], tendo dado azo ao seguinte preceito[238]:

§ 313 (Perturbação da base do negócio)
(1) Quando, depois da conclusão contratual, as circunstâncias que constituíram a base do contrato se tenham consideravelmente alterado e quando as partes,

---

[235] Quanto aos antecedentes da reforma, cujos estudos se prolongaram por mais de 20 anos, *vide* MENEZES CORDEIRO, *Da modernização do Direito civil* 1 (2004), 69 ss., com indicações.
[236] BENDER, *Der Wegfall der Geschäftsgrundlage* cit., 91 ss..
[237] Cf. *Diskussionsentwurf eines Schuldrechtsmodernisierungsgesetzes*, em CLAUS-WILHELM CANARIS, *Schuldrechtsmodernisierung 2002* (2002), 3-347 (14; era, então, o § 307) com uma explicação (182 ss.). Quanto à fundamentação do Governo *vide*, aí, 741 ss..
[238] CHRISTIAN GRÜNEBERG, no PALANDT, *BGB*, 66.ª ed. (2007), 501.

se tivessem previsto esta alteração, não o tivessem concluído ou o tivessem feito com outro conteúdo, pode ser exigida a adaptação do contrato, desde que, sob consideração de todas as circunstâncias do caso concreto, e em especial a repartição contratual ou legal do risco, não possa ser exigível a manutenção inalterada do contrato.

(2) Também se verifica alteração das circunstâncias quando representações essenciais que tenham sido base do contrato se revelem falsas.

(3) Quando uma modificação do contrato não seja possível ou surja inexigível para uma das partes, pode a parte prejudicada resolver o contrato. Nas obrigações duradouras, em vez do direito de resolução tem lugar o direito de denúncia.

III. Explica a justificação de motivos apresentada pelo Governo e retomada pela doutrina subsequente que o novo § 313 do BGB visou consignar na lei os princípios já consagrados pela jurisprudência: não, propriamente, alterá-los[239]. Curiosamente, a lei nova veio distinguir – e, logo, admitir – as figuras:

– da alteração subsequente de circunstâncias – § 313, I;
– da carência inicial de circunstâncias basilares – § 313, II.

Nesta última hipótese estamos muito próximos da figura do erro sobre a "base do negócio", sendo difícil uma fronteira[240].

IV. Os pressupostos do instituto da alteração subsequente de circunstâncias, tal como resultam do § 313, I, da lei nova, são os seguintes[241]:

1. Determinadas circunstâncias devem modificar-se ponderosamente, após a conclusão do contrato;
2. Tais circunstâncias não pertencem ao conteúdo do contrato, constituindo, porém, a sua base;
3. As partes não previram as alterações;
4. Caso as tivessem previsto, elas não teriam fechado o contrato ou tê-lo-iam feito com outra base;

---

[239] VOLKER EMMERICH, *Das Recht der Leistungsstörungen*, 5.ª ed. (2003), 402-403, PETER HUBER//FLORIAN FAUST, *Schuldrechtsmodernisierung* (2002), 232 e PALANDT/GRÜNEBERG, 66.ª ed. cit., § 313, Nr. 1.
[240] EMMERICH, *Das Recht der Leistungsstörungen*, 5.ª ed. cit., 411-412.
[241] Seguem-se as ordenações de EMMERICH, *Das Recht der Leistungsstörungen*, 5.ª ed. cit., 410.

5. Em consequência das alterações, e tendo em conta todas as circunstâncias do caso concreto e, em especial, a repartição, legal ou contratual, do risco, seria inexigível, perante uma das partes, a manutenção inalterada do contrato.

A doutrina tem entendido que esta articulação de pressupostos corresponde a uma combinação das "bases" objectiva e subjectiva do negócio[242], um tanto na tradição de Larenz. As ordenações tradicionais de casos de alterações de circunstâncias mantêm-se operacionais[243].

V. Também a delimitação já consagrada da alteração de circunstâncias é considerada vigente, à luz da lei nova. Assim, predomina a autonomia privada, no sentido da prevalência do que, pelas partes, tenha sido clausulado, para a eventualidade da alteração. Aqui entronca qualquer específico regime de risco[244].

A existência de regras especiais afasta, também, a alteração das circunstâncias[245].

A aplicação das normas sobre a impossibilidade ou, até, de outras normas relativas a perturbações da prestação delimitam, também, a alteração das circunstâncias, de acordo com a prática consagrada dos tribunais[246].

VI. A nível da eficácia da figura, deve sublinhar-se a possibilidade de adaptação do contrato, a qual vinha já sendo trabalhada pela jurisprudência. O cerne da modificação do contrato é constituído pela exigibilidade, às partes, da alteração encarada, tendo em conta o regime do risco. Particularmente

---

[242] STEPHEN LORENZ/THOMAS RIEHM, *Lehrbuch zum neuen Schuldrecht* (2002), 199-200.
[243] EMMERICH, *Das Recht der Leistungsstörungen*, 5.ª ed. cit., 412; temos, de acordo com a enumeração de EMMERICH, ob. cit., 422 ss. e 430 ss., respectivamente: para o erro sobre a base do negócio, casos de erro comum de cálculo, de erro comum de direito e de falsa representação das partes sobre a evolução subsequente; para as modificações subsequentes de circunstâncias, a dificultação extraordinária da prestação, as perturbações na equivalência, a frustração do escopo, as catástrofes (aqui, em várias prevenções, já que, em rigor, atingiriam por igual todas as partes) e as modificações da legislação ou da jurisprudência.
[244] Ressalvando-se, naturalmente, a hipótese de a alteração ter sido de tal monta que ultrapasse quanto as partes tivessem tido em vista, no tocante ao risco.
[245] Cf. LORENZ/RIEHM, *Lehrbuch zum neuen Schuldrecht* cit., 207-208 e HORST EHMANN/HOLGER SUTSCHET, *Modernisiertes Schuldrecht* (2002), 184 ss..
[246] BGH 6-Jul.-1961, BGHZ 35 (1962), 272-287 (285).

relevante é a reconstituição do que as partes teriam querido se houvessem previsto a alteração[247], sempre dentro dos limites da boa fé[248].

A lei nova veio manter, no essencial, estas bitolas de adaptação[249]. De todo o modo, a adaptação deve ser pedida pela parte interessada, não – como se poderia entender antes – sendo decretável por iniciativa do Tribunal[250].

23. *A interpretação do artigo 437.º/1 do Código Civil; a "base do negócio"*

I. Os elementos obtidos permitem agora encarar a interpretação do artigo 437.º/1, do Código Civil. Trata-se do preceito que, entre nós, codifica a matéria da alteração das circunstâncias.

Verifica-se, porém, que esse dispositivo estatui com recurso a vários conceitos indeterminados, com relevo para o da boa fé. Nestas condições, ele requer uma concretização, só possível perante o caso concreto. A "interpretação" de semelhante preceito cinge-se, por isso, à indicação das grandes directrizes que, por seu intermédio, o Direito português comunicou aos julgadores que o venham a aplicar.

II. O artigo 437.º/1 aplica-se a alterações nas circunstâncias em que as partes fundaram a decisão de contratar. A locução, através de Vaz Serra, situa-se na área de Oertmann, tendo um laivo subjectivo no seu teor, hoje rejeitado. A alteração diz respeito ao circunstancialismo que rodeie o contrato, objectivamente tomado como tal, isto é, como encontro de duas vontades.

A fórmula legal – e a própria base negocial oertmanniana – é, no entanto, útil:

– por indicar que não relevam superveniências a nível de aspirações subjectivas extracontratuais das partes; deve haver uma afectação do próprio contrato e, nessa medida, ambos os celebrantes ficam implicados[251];

---

[247] BGH 12-Dez.-1963, BGHZ 40 (1964), 334-338 (337-338).
[248] EMMERICH, *Das Recht der Leistungsstörungen*, 5.ª ed. cit., 454.
[249] LORENZ/RIEHM, *Lehrbuch zum neuen Schuldrecht* cit., 309 ss..
[250] EMMERICH, *Das Recht der Leistungsstörungen*, 5.ª ed. cit., 455.
[251] Assim, a jurisprudência do Supremo rejeitou, de modo constante, a possibilidade de rever contratos de mútuo celebrados para a compra de acções, quando estas, pela superveniência do fecho da bolsa, vieram a perder o seu valor: o objectivo extracontratual "compra de acções valio-

nesta linha: requer-se, particularmente para efeitos de aplicação do artigo 252.º/2, do Código Civil, que remete para a "base do negócio", que estejam em causa circunstâncias conhecidas por ambas as partes[252];
- por indicar que não interessam modificações no campo das aspirações subjectivas contratuais de apenas uma das partes; é o contrato – e logo os contratantes – que está em causa, e não as esperanças de lucro – ou de não-perda – de somente um dos intervenientes, quando a lógica do negócio não esteja em causa[253]; o Supremo tem exprimido essa mesma ideia dizendo que a alteração deve respeitar, simultaneamente, aos dois contraentes[254];
- por possibilitar a explicitação, por banda das partes, de quais as circunstâncias relevantes: afinal, se esse dado pode resultar implícito do contrato poderá, por maioria de razão, ser clausulado; inversamente, as partes podem estabelecer quais as circunstâncias irrelevantes.

---

sas" não releva, para efeitos de subsistência do mútuo. *Vide* STJ 10-Mai.-1979 (MIGUEL CAEIRO), BMJ 287 (1979), 262-268 (265-266 e 267), STJ 17-Jan.-1980 (RODRIGUES BASTOS), BMJ 293 (1980), 323-326 (325), STJ 13-Mai.-1980 (OLIVEIRA CARVALHO), BMJ 297 (1980), 302-308 (303 e 307-308) e STJ 20-Abr.-1982 (VICTOR COELHO), BMJ 316 (1982), 255-258 (258). Cf., ainda, RPt 21-Jan.-1982 (JÚLIO SANTOS), CJ VII (1982), 1, 261-264 (263). No mesmo sentido, quanto a outros tipos de mútuos, *vide* REv 10-Mar.-1977 (DIAS DA FONSECA), BMJ 268 (1977), 276-277 e REv 14-Abr.-1977 (MANSO PRETO), BMJ 269 (1977), 218-219; focando a necessidade de a "base negocial" se reportar a ambas as partes, RPt 17-Mar.-1983 (GAMA PRAZERES), CJ VIII (1983), 2, 232-235 (234).

[252] STJ 20-Jan.-2000 (FERREIRA DE ALMEIDA), CJ/Supremo VIII (2000) 1, 45-49 (48/I) e STJ 16-Jan.-2004 (REIS FIGUEIRA), CJ/Supremo XII (2004) 3, 113-118 (117/I): circunstâncias determinantes de (ambas) as vontades.

[253] Seria o caso de, no litígio decidido pelo acórdão do Supremo de 15-Abr.-1975 (GARCIA DA FONSECA), BMJ 246 (1975), 138-141 = RLJ 109 (1976), 179-182, o cedente das quotas pagas a prestações indexadas ao valor do ouro vir alegar – e provar – que pretendera mesmo especular com esse factor: o contrato, em si, não era um contrato especulativo, pelo que a alteração deveria proceder, como procedeu. A questão foi, depois, frontalmente tratada em STJ 13-Fev.-1986 (SERRA MALGUEIRO), BMJ 354 (1986), 514-519 (518), onde se decidiu que a descolonização de Moçambique, apesar de inesperada, não relevava para efeito de resolver um contrato de renda vitalícia, por a alteração verificada não respeitar a circunstâncias determinantes do negócio. Na mesma linha, mas a propósito de um arrendamento, *vide* STJ 25-Mai.-1982 (SANTOS CARVALHO), BMJ 317 (1982), 249-254 (253); de notar que, neste aresto, o próprio relator votou vencido quanto aos fundamentos, por entender que o artigo 437.º é aplicável a arrendamentos.

[254] STJ 2-Mar.-2004 (AFONSO CORREIA), CJ/Supremo XII (2004) 1, 93-99 (96/II).

III. Por esta via, julgamos ser possível uma repescagem da expressão "base do negócio" sem a enfeudar definitivamente à doutrina expressa por Oertmann em 1921. Anote-se que se trata de um percurso similar aberto pelo § 313(1) do BGB, após a reforma de 2001/2002.

24. A anormalidade e o dano; a "boa fé"

I. A alteração deve ser anormal. Trata-se de um requisito que se prende com a imprevisibilidade[255]: a normalidade e imprevisibilidade estão associadas[256]. Havendo alteração normal, as partes podiam ter previsto a sua ocorrência, tomando, na conclusão do contrato, as medidas necessárias. Não o tendo feito, as partes:

– ou pretenderam, com o seu silêncio, conseguir algum efeito especial, numa saída em si possível e lícita, que a interpretação permitirá revelar e confirmar;
– ou incorreram em erro, devendo seguir-se, nessa altura, o regime do artigo 252.º/2 do Código Civil.

II. Deve haver uma parte lesada. Uma alteração que não provoque prejuízos, no domínio contratual, a um dos celebrantes é, naturalmente, irrelevante. Calcula-se que o dano deve ter certa envergadura, para desencadear a aplicação do remédio extraordinário do artigo 437.º/1. A lei não disse qual, subordinando o tema à referência feita à boa fé.

---

[255] RLx 28-Mai.-1987 (MOREIRA MATEUS), CJ XII (1987) 3, 97-99, STJ 3-Nov.-1987 (JOAQUIM FIGUEIREDO), BMJ 371 (1987), 408-413, RLx 9-Jul.-1991 (CRUZ BROCO), CJ XVI (1991) 4, 174-177 (177) e RLx 21-Mai.-1992 (NASCIMENTO GOMES), CJ XVII (1992) 3, 186-188 (188), onde se considerou previsível a ocorrência de greves. Já em STJ 7-Nov.-1985, Proc. n.º 72.916, inédito, decidiu-se que a subida dos preços da habitação, sendo previsível, não era anormal; em sentido semelhante, RPt 17-Jul.-1984 (PINTO FURTADO), CJ IX (1984), 4, 203-206 (206), considerando, também, que o retardamento na constituição da propriedade horizontal não justificava a alteração; na mesma linha, por fim, STJ 26-Mai.-1993 (JOSÉ MAGALHÃES), CJ/Supremo 1 (1993) 2, 122-126 (125) e RLx 5-Mai.-1994 (ALMEIDA E SOUSA), CJ XIX (1994) 3, 81-86 (86). Quanto à desvalorização monetária, embora sem tomar posição, vide STJ 22-Fev.-1983 (LOPES NEVES), BMJ 324 (1983), 545-550 (548).
[256] RLx 19-Mai.-2005 (SALAZAR CASANOVA), CJ XXX (2005) 3, 82-85 (83/II).

III. Tudo deve processar-se de tal modo que a exigência, à parte lesada, das obrigações por ela assumidas, afecte gravemente os princípios da boa fé. Reside, aqui, o âmago do dispositivo vigente quanto à alteração das circunstâncias. A boa fé surge como conceito indeterminado que tende a exprimir o conjunto das valorações fundamentais do ordenamento vigente.

A sua concretização só é possível no caso concreto. De qualquer modo, pode adiantar-se que a boa fé vai intervir, pela lógica interna do artigo 437.º/1:

- na determinação das circunstâncias que, a serem afectadas, desencadeiam todo o processo; a primeira parte do preceito fala, apenas, em circunstâncias; do seu conjunto depreende-se, no entanto, que serão apenas aquelas que, a modificarem-se, vão bulir gravemente, com a boa fé, isto é, com os dados últimos do sistema;
- na concretização da anormalidade da alteração: modificações admissíveis à partida ou de significado menor não ferem, gravemente, a boa fé;
- no prejuízo verificado: deve haver um dano considerável ou a exigência da obrigação assumida não vai afectar gravemente a boa fé; torna-se difícil fixar um quantitativo percentual a partir do qual o dano é incompatível com a boa fé; algumas decisões judiciais inculcam, no entanto, a ideia de prejuízos descomunais: em 6-Abr.-1978, o Supremo, concedeu a resolução de um contrato-promessa de compra e venda de prédio para reconstrução, prejudicado pela superveniência do Decreto-Lei n.º 455/74, que veio proibir as demolições: em consequência da alteração, o valor do prédio baixara de 5.500 c. para 800 c.[257]; em 24-Abr.-1986, a Relação de Lisboa entendeu irrelevante, também numa promessa de compra e venda, uma subida de 300% a 400% no valor de uma fracção, por ser previsível e já ter sido pago parte do preço[258]; numa decisão célebre, o Tribunal do Reich entendeu, em 28-Nov.-1923[259], quebrar o princípio do nominalismo, em nome da boa fé, por força da inflação; a alteração registada, então, no valor da moeda, fora de 1 para 522×10^9, atingindo, um mês mais tarde, 1 para 10^{12}; numa decisão de 8-Fev.-1978, o Tribunal Federal Alemão negou a revisão por alteração das circunstâncias num contrato de fornecimento de combustíveis, não

---

[257] STJ 6-Abr.-1978 (Costa Soares), BMJ 276 (1978), 253-264 = RLJ 111 (1979), 338-345.
[258] RLx 24-Abr.-1986 (Afonso Andrade), CJ XI (1986), 2, 118-123 (122).
[259] RG 28-Nov.-1923, RGZ 107 (1924), 78-94 = JW 1924, 38-43 = DJZ 1924, 58-65.

obstante ter havido uma modificação de valor da ordem de 1 para 6[260];
há na verdade, jurisprudência menos exigente: mas fica, de pé, a ideia de que, para haver atentado grave à boa fé, tem de se tratar de danos de vulto, considerando, como é natural, o valor do contrato em jogo[261];
— na área em que se deu o prejuízo havendo flutuações particulares ligadas ao contrato ou tratando-se de um negócio aleatório, qualquer dano aí localizado não impossibilita a exigência da obrigação assumida, em nome da boa fé;
— no comportamento geral das partes: se foi estipulado ou, de algum modo, se se depreende do contrato, algum esquema para a eventualidade da alteração, não há atentado grave à boa fé; muito pelo contrário: a própria boa fé exige, então, o cumprimento do contrato.

25. *A ultrapassagem dos riscos do contrato*

I. A exigência dos deveres assumidos não deve estar coberta pelos riscos próprios do contrato[262]. Este preceito não pode ser reduzido à ideia de que não cabe a revisão ou a resolução, quando se dêem alterações dentro da álea que todo o contrato, ainda que em medida variável, sempre implica. Tal álea está já duplamente salvaguardada no artigo 437.º/1, pela normalidade da modificação e pela boa fé. Na verdade, as alterações registadas dentro da álea dos contratos são normais e não contundem com a boa fé.

A ideia da lei é outra: trata-se de conferir, ao dispositivo do artigo 437.º/1, natureza supletiva, perante o regime legal ou contratual do risco e, mais latamente, a todas as regras de imputação de danos, como já foi referido.

---

[260] BGH 8-Fev.-1978, JZ 1978, 235-236 = JuS 1978, 487 = JR 1979, 60 = WM 1978, 322. A recusa teve, aqui, ainda outras razões importantes, a que se fará referência.
[261] A jurisprudência portuguesa, quando recusa o remédio da alteração das circunstâncias, não se limita, como é normal, a chamar a atenção para a insuficiência das modificações registadas. Anotem-se, de qualquer modo, mais alguns dados quantitativos: uma baixa de 34% no preço da cortiça é insuficiente para justificar a alteração das circunstâncias — STJ 18-Mar.-1975 (JOSÉ ANTÓNIO FERNANDES), BMJ 245 (1975), 490-494 (493) — outro tanto sucedendo com uma alta de 63% numa empreitada — STJ 17-Jan.-1980 (ABEL DE CAMPOS), BMJ 293 (1980), 301-307 (306-307). Referindo a exigência de "lesão grave", também STJ 13-Fev.-1986 (SERRA MALGUEIRO), BMJ 354 (1986), 514-519 (519).
[262] *Vide* STJ 27-Set.-2001 (ARAÚJO BARROS), CJ/Supremo IX (2001) 3, 46-50 (49/I), bem como o citado RLx 19-Mai.-2005, CJ XXX, 3, 83.

II. Este troço do preceito legal em análise tem, ainda, outro aspecto de maior relevo: permite a delimitação temporal do instituto da alteração[263]. Ponha-se o caso limite: celebrado um contrato de compra e venda e tendo havido cumprimento de parte a parte, será possível reabrir o processo contratual, com fundamento em modificações ambientais? A resposta não pode deixar de ser negativa[264]: o exemplo, acima dado, do comprador de um automóvel que pretenda restituí-lo por ter surgido uma alta nos combustíveis, ilustra a afirmação.

Deve, pois, entender-se que o artigo 437.°/1 implica uma alteração manifestada durante a vigência contratual e, como tal, feita valer. Encerrado, pelo cumprimento, um processo contratual, qualquer superveniência corre por conta das esferas jurídicas em que incida. Ou, nas palavras da lei: está coberta pelos riscos próprios do contrato.

III. Pode, naturalmente, suscitar-se uma questão de fronteiras: *quid iuris* quando, depois de encerrado um contrato, uma das partes venha alegar uma alteração das circunstâncias anterior? Qualquer alteração assenta num processo causal prolongado no tempo: assim sendo, tornar-se-ia possível vir, a todo o momento, impugnar contratos há muito esgotados pela efectivação das prestações respectivas, numa situação que merece o protesto justificado de Antunes Varela[265].

A regra terá, pois, de ser a seguinte: a alegação da alteração das circunstâncias só é eficaz perante contratos pendentes, isto é, havendo, "contratos de execução continuada ou periódica ou ainda de execução diferida"[266]. Depois do cumprimento, tudo quanto se alegue pertence aos "riscos próprios do contrato". Mas esta regra não pode ser absolutizada: a existência de uma remissão expressa para a boa fé veda qualquer conceptualismo rígido.

Pode assim suceder que, no caso concreto, haja que buscar saída diversa, alterando contratos já acatados; a grande questão reside, então, em saber se a Ciência do Direito dos nossos dias já atingiu um desenvolvimento capaz de apontar soluções.

---

[263] *Vide* RLx 24-Abr.-1986 (AFONSO ANDRADE), CJ XI (1986), 2, 118-123 (121, 2.ª col.).
[264] Tal a orientação da jurisprudência: STJ 23-Out.-1986 (ALMEIDA RIBEIRO), BMJ 360 (1986), 594-597, onde se decidiu que o artigo 437.° não era aplicável a um contrato de empreitada já cumprido e RLx 21-Mai.-1992 (NASCIMENTO GOMES), CJ XVII (1992) 3, 186-188 (187), onde se entendeu inaplicável o instituto da alteração das circunstâncias nos contratos de execução imediata.
[265] ANTUNES VARELA, *Resolução ou modificação do contrato* cit., 9/II, ao fundo.
[266] Segundo a fórmula encontrada pelo artigo 1467.° do Código italiano. Esta orientação mereceu o acolhimento do Supremo: STJ 20-Mai.-1985, TJ 18 (1986), 13.

VI. Alterações de circunstâncias e contratos públicos

26. *Generalidades*

I. Também no domínio da contratação pública se faz sentir, pela natureza das coisas, o problema da alteração das circunstâncias. Podemos mesmo dizer que, aí, o seu influxo é mais intenso e mais delicado. Com efeito:
- os contratos públicos são, muitas vezes, contratos de longa duração: pense-se em concessões de serviços públicos concluídas por décadas, sobretudo quando obriguem o concessionário a investimentos significativos;
- os interesses envolvidos na contratação pública não se compadecem com insolvências ou com a supressão do devedor, atingido por grandes modificações circunstanciais: os fornecimentos ou prestações em jogo não podem cessar.

Houve, pois, que agilizar institutos capazes de, na hora, enfrentar as alterações de circunstâncias. Adiantamos já que tais institutos vieram conectar-se com outros vectores próprios da especialidade pública, assim se obtendo realidades jurídicas novas.

II. A necessidade de, num plano público, enquadrar e resolver as alterações de circunstâncias levou os diversos ordenamentos a procurar soluções. Também aqui jogou a diferença de sensibilidade e de estilos, de tal modo que as vias percorridas são distintas: ainda que com resultados práticos similares. Frente a frente temos, de novo, as experiências alemã e francesa. Cumpre conhecê-las. Como veremos, elas influenciaram, em momentos sucessivos, o Direito português, explicando o regime que, hoje, se encontra em vigor.

27. A experiência alemã: da cláusula rebus à "base da Administração"

I. O Direito alemão dos contratos públicos assimilou directamente a doutrina civil da alteração das circunstâncias. Fê-lo mantendo-se fiel à terminologia bartoliana da *clausula rebus sic stantibus*.

Na concretização actual do instituto, podemos apontar a decisão do Tribunal Constitucional alemão de 30-Jan.-1973. Entendeu-se, aí, que a *clausula* acompanhava, em geral, os contratos públicos[267], chegando-se mesmo a explicar[268]:

> A *clausula rebus sic stantibus* é uma parte não escrita do Direito constitucional.

A decisão deu lugar a um acréscimo de estudos sobre a matéria[269], tendo ficado claro que, independentemente da consagração legislativa que, mais tarde, surgiria, a *clausula* vigorava como regra de Direito consuetudinário[270].

II. Ao contrário do que sucederia na experiência francesa, o Direito público alemão não reagiu às alterações de circunstâncias através da elaboração de doutrinas próprias. Limitou-se a acolher as construções comuns da *clausula rebus* e da base do negócio[271], adaptando-as ao Direito estadual[272] e ao Direito administrativo[273].

Operaram duas linhas de forças[274]:

— por um lado, é manifesto o paralelo entre os contratos públicos e os civis;
— por outro, o princípio da boa fé também se aplica ao Direito público, numa confluência que o interesse público ainda reforça mais[275].

---

[267] BVerfG 30-Jan.-1973, BVerfGE 34 (1973), 216-238 (230 ss.).
[268] *Idem*, 231.
[269] Assim, WILFRED FIEDLER, *Zum Wirkungsbereich der clausula rebus sic stantibus im Verwaltungsrecht*, VerwArch 67 (1976), 125-155, analisando a História da cláusula (129 ss.) e da base do negócio (134 ss.); queda-se pela sua presença na actividade administrativa (137), na objectivação propiciada pelo § 242 do BGB (140) e no seu alargamento (144).
[270] DIETER LORENZ, *Der Wegfall der Geschäftsgrundlage beim verwaltungsrechtlichen Vertrag*, DVBl 97, 865-873 (865/I).
[271] EFSTRATIOU, *Die Bestandskraft des öffentlich-rechtlichen Vertrages* cit., 291. Cf. ENKE GURLIT, *Verwaltungsvertrag und Gesetz* cit., 553 ss..
[272] *Idem*, 293 ss..
[273] *Idem*, 310 ss..
[274] SIGURD LITTBARSKI, *Der Wegfall der Geschäftsgrundlage im öffentlichen Recht/ Zugleich ein Beitrag zur Auslegung des § 60 I VwVfG* (1982), 13 ss..
[275] *Idem*, 14.

A doutrina publicista vai, de resto, mais longe, nestes domínios, do que o próprio pensamento civil. À boa fé é reconhecida uma aplicabilidade sem limites[276]. E paralelamente: como não operou todo o cinzelamento interpretativo que, a partir de meados do século XX, veio delimitar a "base do negócio", a *clausula* tem o campo livre.

O particularismo da situação leva alguma doutrina a propor, em vez de base do negócio (*Geschäftsgrundlage*), base da Administração (*Verwaltungsgrundlage*)[277].

III. A consagração doutrinária e jurisprudencial da *clausula rebus sic stantibus* nos contratos públicos originou a sua codificação. Primeiro, ela surgiu nalguns *Länder*[278]. Finalmente, ela operou na Lei do processo administrativo (*Verwaltungsverfahrensgesetz*) de 1976[279]. Este diploma contém, nos seus §§ 54 a 62, o regime essencial dos contratos públicos[280].

Na base, temos a ideia de que uma relação de Direito público pode ser constituída, modificada ou extinta por contrato[281]. Tendo tratado vários aspectos, a VwVfG vem dispor, no seu § 60, epigrafado "adaptação e denúncia em casos especiais"[282]:

(1) Quando as relações que tenham sido decisivas para a determinação do conteúdo do contrato se tenham modificado essencialmente depois da contratação de tal modo que a regulação contratual inicial não seja exigível a uma das partes no contrato, pode esta exigir uma adaptação do conteúdo do contrato às relações modificadas ou, caso uma adaptação não seja possível ou não possa ser exigida a

---

[276] LOTHAR SIMONS, *Leistungsstörungen verwaltungsrechtlicher Schuldverhältnisse* cit., 180.
[277] WILFRIED FIEDLER, *Zum Wirkungsbereich der clausula rebus sic stantibus im Verwaltungsrecht* cit., 149, GURLIT, *Verwaltungsvertrag und Gesetz* cit., 556-557 e HANS-UWE ERICHSEN, *Allgemeines Verwaltungsrecht*, 12.ª ed. (2002), § 27, Nr. 29 (429); anteriormente: LOTHAR SIMONS, *Leistungsstörungen verwaltungsrechtlicher Schuldverhältnisse* cit., 178.
[278] SIGURD LITTBARSKI, *Der Wegfall der Geschäftsgrundlage im öffentlichen Recht* cit., 15.
[279] Conhecida pela sigla VwVfG; data de 25-Mai.-1976, tendo sido alterada, por último, em 23-Jan.-2003; cf. HANS-GÜNTER HENNEKE, em HANS JOACHIM KNACK e outros (org.), *Verwaltungsverfahrensgesetz (VwVfG)/Kommentar*, 8.ª ed. (2004), prenot § 54 (1087 ss.).
[280] Vide HEINZ JOACHIM BONK, em PAUL STELCKENS/HEINZ JOACHIM BONK/MICHAEL SACHS, *Verwaltungsverfahrensgesetz/Kommentar*, 6.ª ed. (2001), §§ 54 ss. (1873 ss.), com muitas indicações.
[281] KNACK/HENNEKE, *VwVfG/Kommentar*, 8.ª ed. cit., § 54, Nr. 1 (1109).
[282] Procedeu-se a uma tradução tão literal quanto possível: conquanto deselegante, dá melhor o tipo de pensamento em jogo.

uma das outras partes no contrato, denunciar o contrato. A Administração pode também denunciar o contrato para prevenir ou remediar graves prejuízos para o interesse público.

IV. O transcrito § 60 foi entendido como uma manifestação da *clausula rebus sic stantibus*[283], da base do negócio[284] ou do § 242 do BGB (boa fé)[285], já conhecida e, nessa medida: aplicável aos contratos anteriormente celebrados[286]. No seu funcionamento torna-se possível discutir várias proposições. Temos[287]:

– uma modificação essencial;
– que o seja objectivamente;
– que atinja relações decisivas para a determinação do conteúdo do contrato;
– depois da sua conclusão;
– em termos que provoquem a inexigibilidade do assumido.

São assim acauteladas as expectativas das partes[288].
A Administração só pode fazer uso dos poderes que lhe são conferidos pelo § 60 em causa dentro dos limites da discricionariedade[289].

---

[283] HANS MEYER/HERMANN BORGS-MACIEJEWSKI (cit. MEYER/BORGS), *Verwaltungsverfahrensgesetz*, 2.ª ed. (1982), § 60, Nr. 31 (561).

[284] CARL HERMANN ULE/HANS-WERNER LAUBINGER, *Verwaltungsverfahrensrecht*, 4.ª ed. (1995), 810, FRANK OPPENLÄNDER/KLAUS-PETER DOLDE, *Answirkung veränderter Verhältnisse auf den Zweckverband als Freiverband*, DVBl 1995, 637-644 (641/II) – correspondendo ao "Direito constitucional não-escrito", reclamado pelo Tribunal Constitucional alemão, na citada decisão de 1973 – STELCKENS/BONK/SACHS (BONK), *Verwaltungsverfahrensgesetz/Kommentar*, 6.ª ed. § 60. Nr. 1 (2027).

[285] EBERHARD SCHWERDTNER, *Verwaltungsverträge im Spannungsfeld unbedingter Vertragsbindung und dem Interesse auf Vertragsanfassung bei unveränderter Sachlage/Anmerkungen zur "clausula rebus sic stantibus" im Verwaltungsrecht*, VBlBW 1998, 9-11 (10/I) e EFSTRATIOU, *Die Bestandskraft des öffentlich-rechtlichen Vertrages* cit., 312 ss., 317 ss..

[286] SCHWERDTNER, *Verwaltungsverträge* cit., 10/I.

[287] Circunstanciadamente: KNACK/HENNEKE, *VwVfG/Kommentar*, 8.ª ed. cit., § 60, Nr. 3 ss. (1182 ss.). Quanto à inexigibilidade *vide*, ainda, LORENZ, *Der Wegfall der Geschäftsgrundlage beim verwaltungsrechtlichen Vertrag* cit., 867, ULE/LAUBINGER, *Verwaltungsverfahrensrecht*, 4.ª ed. cit., 811, SCHLETTE, *Die Verwaltung als Vertragspartner* cit., 613 e GURLIT, *Verwaltungsvertrag und Gesetz* cit., 557 ss..

[288] THOMAS SIEMS, *Städtebauliche Verträge in Deutschland und den USA* (2004), 180-182 (181-182).

[289] MARTIN BULLINGER, *Leistungsstörungen beim öffentlich-rechtlichen Vertrag/Zur Rechtslage nach den Verwaltungsverfahrensgesetzen*, DÖV 1977, 812-822 (820/I).

A nível das consequências, é importante sublinhar a possibilidade de solucionar o problema através da adaptação do contrato[290]. Apenas no limite ocorre a denúncia[291].

28. *A experiência francesa: imprevisão e mutabilidade*

I. Como foi já adiantado, a experiência francesa seguiu trilhos distintos da alemã. Na base desta especialidade devemos situar a impossibilidade de, em França, fazer actuar o instituto da alteração das circunstâncias no Direito civil. Uma rigidez doutrinária perante o princípio da vinculação dos contratos e uma jurisprudência muito firme, já referida[292], levaram a que a França ultrapassasse guerras e convulsões sucessivas, sem qualquer cláusula jurídica de adaptação de contratos[293].

Pela natureza das coisas, tal insensibilidade não poderia manter-se, no campo administrativo.

II. A jurisprudência francesa veio solucionar o problema da alteração das circunstâncias, no domínio dos contratos administrativos, através da chamada teoria da imprevisão.

A questão pôs-se mercê das perturbações causadas pela Grande Guerra de 1914-18. Discutia-se o seguinte: em 1904, fora adjudicado à Companhia Geral de Iluminação de Bordéus um contrato de concessão relativo ao fornecimento de gás e de electricidade a essa cidade francesa; o contrato foi concluído por 30 anos, com determinadas tarifas; todavia, após 1914, assistiu-se a uma alta do preço do carvão: em termos tais que punham em causa a própria viabilidade da Companhia; o Conselho de Estado, confrontado com o problema, começou por sublinhar que, em princípio, o contrato de concessão regula, de modo definitivo, os interesses em jogo, de tal modo que as mudanças de preços integram a álea do contrato; no caso

---

[290] MEYER/BORGS, *VwVfG*, 2.ª ed. cit., 562-565, SIGURD LITTBARSKI, *Der Wegfall* cit., 49 ss. e KNACK/HENNEKE, *VwVfG*, 8.ª ed. cit., 1186.
[291] Cf. WOLF-RÜDIGER SCHENKE, *Der rechtwidrige Verwaltungsvertrag nach dem VwVfG*, JuS 1977, 281-292 (290/II).
[292] Em especial, a emblemática decisão da Cassação Francesa, relativa ao Canal de Craponne, citada *supra*, nota 175.
[293] Veja-se jurisprudência ilustrativa, perante a Guerra franco-prussiana de 1870-71, e as Guerras Mundiais de 1914-18 e 1939-45 no nosso *Da boa fé* cit., 958-959. Cf. *supra*, 53.

em causa ocorrera, todavia, uma situação extraordinária e imprevisível, provocada pela guerra; a necessidade de assegurar o interesse geral leva a que a concessionária só deva suportar a superveniência na parte razoável[294].

A doutrina explica que o primado do serviço público exige a prossecução do contrato a qual só é viável fazendo-se a alteração[295].

Sucederam-se, depois, novas decisões que reconheciam a adaptabilidade dos contratos administrativos às novas circunstâncias, como forma de salvaguardar o interesse público. Tais os casos das concessões de gás e de electricidade de Besançon[296], de Monfort-l'Amaury[297], de Nancy[298] e da Companhia Normanda de Iluminação[299].

III. A teoria da imprevisão corresponde a uma ideia nova[300]. O resultado – a sensibilidade do contrato às novas circunstâncias – é muito antigo. Agora o modo de o alcançar, através de um princípio de serviço público que exige a manutenção económica do concessionário[301], afigura-se criativo: trata-se de um contributo importante do Direito francês para a dogmática dos contratos públicos.

Uma vez isolada, a ideia da imprevisão veio ligar-se à questão mais vasta da mutabilidade dos contratos administrativos[302].

IV. A mutabilidade assenta no seguinte: uma vez concluído, o contrato administrativo mantém-se dominado pela ideia de interesse público. Justamente por isso ele é mutável, em função de três vectores ou teorias[303]:

– a teoria das sujeições imprevistas: no decurso do contrato pode o interesse público conduzir a que surjam, para o particular contratante, novas adstrições;

---

[294] ConsEt 30-Mar.-1916, D 1916, 3, 25-33 = S 1916, 3, 18-28, anot. MAURICE HAURIOU.
[295] HAURIOU, anot. cit.; cf. PIERRE SAINT MARC, *De l'imprévision dans les contrats administratifs* (1918), 78 ss..
[296] ConsEt 8-Mai.-1925, D 1927, 3, 21-22.
[297] ConsEt 27-Mar.-1926, D 1927, 3, 22-23, anot. PIERRE CLOSSET, D 1927, 3, 17-21.
[298] ConsEt 22-Jun.-1934, DH 1934, 448-449.
[299] ConsEt 15-Jul.-1949, S 1950, 3, 62-63, anot. ACHILE MESTRE.
[300] H. BERTHÉLEMY, *Traité élémentaire de Droit administratif*, 12.ª ed. cit., 716-717.
[301] LOUIS ROLLAND, *Précis de Droit administratif*, 4.ª ed. cit., n.º 148 (97).
[302] HENRI ZWAHLEN, *Le contrat de Droit administratif*, Schweizerischer Juristenverein 1958, 465a-663a (643a ss.) e EFSTRATIOU, *Die Bestandskraft des öffentlich-rechtlichen Vertrages* cit., 278 ss..
[303] *Idem*, 282 ss..

- a teoria do *fait du prince*: o Estado (o "príncipe" *lato sensu*), mercê da sua soberania, pode bloquear aspectos contratuais do interesse do particular;
- a teoria da imprevisão: uma evolução não prevista inicialmente no contrato pode torná-lo mais oneroso para o particular.

Esta mutabilidade de contratos administrativos tem, como contrapeso, o princípio do equilíbrio financeiro[304]. Para defender o interesse público, assegurando a manutenção do particular contratante, surge o princípio de que, perante sujeições imprevistas, perante o *fait du prince* ou perante imprevisões, haverá que modificar as cláusulas retributivas, em função de uma "equação financeira". Nas palavras de Zwahlen, ela[305]:

(...) permite ao administrado pretender em certas condições a manutenção das vantagens materiais, a qual constava ou podia constar da boa fé, nos limites do risco assumido.

Trata-se de um importante princípio, rico em consequências e que, com adaptações, foi acolhido no Direito português.

29. *A dupla recepção em Portugal: equilíbrio financeiro e boa fé*

I. Os elementos mais sugestivos que coligimos nas experiências alemã e francesa seriam recebidos no Direito público português.

O primeiro passo foi dado por Magalhães Collaço, no seu escrito clássico sobre a concessão de serviços públicos[306]: o interesse público permite modificar, seja por via legislativa, seja por via administrativa, o regime da concessão[307]; o equilíbrio financeiro, todavia, deverá manter-se, podendo justificar uma "remuneração suplementar"[308].

Já na ambiência da Guerra de 1914-1918, a *Revista de Legislação e de Jurisprudência*, em artigo não assinado mas, provavelmente, do próprio Magalhães

---

[304] JEAN RIVERO, *Droit administratif*, 4.ª ed. cit., 117.
[305] HENRI ZWAHLEN, *Le contrat de Droit administratif* cit., 647a.
[306] JOÃO MARIA TELLO DE MAGALHÃES COLLAÇO, *Concessões de serviços públicos/ Sua natureza jurídica*, já cit. (1914, reimp., 1928); a obra é anterior à própria teoria da imprevisão a qual, por isso, não é, aí, referida.
[307] *Idem*, 90 ss..
[308] *Idem*, 96 ss. (100).

Collaço, explicou qual era a situação do empreiteiro ao qual fora, em 1914, adjudicada a construção de uma ponte e que, por força da Guerra, foi depois prejudicado, aquando da execução[309]. A *Revista* explica que o problema não tem solução perante o Direito civil. Diversos diplomas especiais vieram resolver o problema em sectores científicos. Tais diplomas teriam feito aplicação da teoria da imprevisão. Prossegue[310]:

> Esta teoria pode resumir-se na ideia de que, celebrado um acto ou um contrato cujo fim seja ou a simples realização de obras públicas, ou esta acompanhada da exploração de um serviço público, o empreiteiro ou concessionário poderá reclamar uma indemnização sempre que, no decurso da execução das obras ou já da exploração do serviço público, sobrevenham circunstâncias, insusceptíveis de previsão no momento em que se celebrou o acto ou contrato, e que perturbam de tal modo o equilíbrio financeiro tomado para base do mesmo contrato, que a prestação do devedor, sem se tornar impossível, todavia se torna consideravelmente mais onerosa.

Impor-se-ia uma indemnização[311].

II. A matéria manteve-se, depois, nos administrativistas. Fézas Vital dedica, à imprevisão, um importante escrito de divulgação, na *Revista de Legislação e de Jurisprudência*[312]. Marcello Caetano, logo nas primeiras edições do *Manual*, traça os contornos da imprevisão e sublinha o facto de ela ser repetidamente acolhida em diplomas legais de excepção destinados a resolver problemas concretos[313]. Tais diplomas traduziriam um princípio geral de Direito administrativo[314].

A partir daí, manteve-se a referência de uma consagração da imprevisão no Direito administrativo nacional[315].

---

[309] RLJ 51 (1918), 106-110.
[310] *Idem*, 109/II.
[311] *Idem*, 100/I.
[312] FÉZAS VITAL, *A teoria da imprevisão e as concessões de serviços públicos na jurisprudência do Conselho de Estado francês*, RLJ 62 (1929), 65-66, 81-82, 97-98, 113-115 e 130-136.
[313] MARCELLO CAETANO, *Manual de Direito administrativo*, 2.ª ed. (1947), 517-518.
[314] *Idem*, 519. No *Manual*, 4.ª ed. (1957), 310-315, a matéria ganha mais desenvolvimento, mantendo a mesma orientação. Na 6.ª ed. (1965), 330-340, surgem outros elementos, na linha traçada.
[315] *Vide* os elementos indicados em *Da boa fé* cit., 911.

III. A esta tradição, de tipo francês, veio aditar-se uma outra, de feição alemã. A ideia de primazia do serviço público e do equilíbrio por este exigido ficou esbatida, perante o apelo à boa fé. Trata-se de um fenómeno que se infiltrou por via doutrinária, acabando por ter consagração expressa num importante diploma: o Decreto-Lei n.º 48 871, de 19 de Fevereiro de 1969, que promulgou o regime do contrato de empreitada de obras públicas. Esse diploma compreendia um artigo 173.º, epigrafado "revisão por alteração das circunstâncias", cujo n.º 1 dispunha[316]:

> Nos contratos celebrados por prazo superior a um ano, quando as circunstâncias em que as partes hajam fundado a decisão de contratar sofram alteração imprevisível segundo as regras da prudência e da boa fé, donde resulte, na execução da obra, grave aumento de encargos que não caiba nos riscos normais, o empreiteiro terá direito a revisão do contrato para o efeito de, conforme a equidade, ser compensado do aumento dos encargos efectivamente sofridos ou se proceda à actualização dos preços.

É patente a introdução da ideia da base do negócio, com referência à boa fé[317]. A influência do artigo 437.º/1, do Código Civil, é inegável. O Decreto-Lei n.º 273-A/75, de 3 de Junho, veio prever um esquema complexo de revisão do preço das empreitadas e fornecimentos de obras públicas. Revogou, no seu artigo 15.º, o artigo 173.º do Decreto-Lei n.º 48 871, de 19 de Fevereiro de 1969[318]. Este preceito foi reintroduzido pelo Decreto-Lei n.º 232/80, de 16 de Julho, com a seguinte redacção[319]:

> 1. Quando as circunstâncias em que as partes hajam fundado a decisão de contratar sofram alteração anormal e imprevisível, segundo as regras da prudência e da boa-fé, de que resulte grave aumento de encargos na execução da obra que não caiba nos riscos normais, o empreiteiro terá direito à revisão do contrato para o efeito de, conforme a equidade, ser compensado do aumento dos encargos efectivamente sofridos ou se proceder à actualização dos preços.

Acentuava-se a aproximação à alteração das circunstâncias civil.

---

[316] DG I Série n.º 42, de 19-Fev.-1969, 187/II.
[317] De todo o modo, o seu funcionamento sempre dependeria de se provarem os competentes factos, num ónus que recai sobre o interessado: STA 29-Nov.-1984 (SAMPAIO DA NÓVOA), Proc. 017611/ITIJ, visitado em 31-Out.-2006.
[318] DG I Série n.º 127, de 3-Jun.-1975, 770(5)/I.
[319] Cf. JORGE ANDRADE DA SILVA, *Regime jurídico das empreitadas de obras públicas/Anotado e comentado* (1987), 460.

IV. A aproximação em causa manteve-se com o Decreto-Lei n.º 235/86, de 18 de Agosto, que aprovou o novo regime jurídico das empreitadas de obras públicas. O preceito introduzido em 1980 surge, agora, no artigo 175.º/1, do novo diploma.

O Decreto-Lei n.º 235/86 foi integralmente substituído pelo regime aprovado pelo Decreto-Lei n.º 405/93, de 10 de Dezembro. Sempre sem alterações, a "revisão por alteração das circunstâncias" surge, agora, no artigo 179.º[320]. Menos de seis anos volvidos, o Decreto-Lei n.º 59/99, de 2 de Março, adopta novo regime: é imbatível a produtividade legislativa nacional. O artigo 179.º/1 passa, agora, a preceito autónomo – o artigo 178.º – simplesmente epigrafado "alteração de circunstâncias", com a redacção seguinte:

> Quando as circunstâncias em que as partes hajam fundado a decisão de contratar sofram alteração anormal e imprevisível, de que resulte grave aumento de encargos na execução da obra que não caiba nos riscos normais, o empreiteiro terá direito à revisão do contrato para o efeito de, conforme a equidade, ser compensado do aumento dos encargos efectivamente sofridos ou se proceder à actualização dos preços.

Foi suprimida a referência à prudência e à boa fé. Esta última supressão, apesar do apoio de alguma doutrina[321], não tem qualquer fundamento: "boa fé" equivale a uma remissão para o sistema, sendo sempre oportuna. De todo o modo, ela conserva-se, por força de princípios gerais.

V. No tocante ao ponto concreto da revisão dos preços nas empreitadas de obras públicas – bem como noutros contratos – consta de fórmulas adoptadas pelo Decreto-Lei n.º 6/2004, de 6 de Janeiro. Naturalmente: o tema da revisão dos preços não esgota o universo das possíveis alterações de circunstâncias: longe disso. Fora do seu âmbito de aplicação – ou perante modificações tão profundas que suplantem a relativa normalidade pressuposta pelas tabelas –, há que recorrer à regra-mãe da alteração das circunstâncias.

VI. Em termos práticos, verifica-se que a generalidade dos contratos contém cláusulas específicas de adaptação às circunstâncias. Todavia, perante factos

---

[320] JORGE ANDRADE DA SILVA, *Regime jurídico das empreitadas de obras públicas*, 5.ª ed. (1997), 390 ss..
[321] JORGE ANDRADE DA SILVA, *Regime jurídico das empreitadas de obras públicas*, 7.ª ed. (2001), 507.

totalmente inesperados, os tribunais aplicam a expressa previsão legal[322]. Além disso e nos termos gerais: quando os contratos se limitem a transcrever preceitos legais sobre alterações de circunstâncias, à letra ou com modificações apenas de forma, as normas em causa não perdem a sua natureza legal. A interpretação, a aplicação e a complementação deverão seguir o prescrito para a lei: não para o contrato.

30. O equilíbrio financeiro

I. Na sequência das descritas transposições jurídico-financeiras, o Direito administrativo português ficou dotado de um princípio do equilíbrio financeiro. Este é ligado a uma alteração das circunstâncias que os publicistas vieram a aproximar do artigo 437.º – e, logo, da tradição alemã[323]. Mas com especificidades. Assim, nega-se, aos particulares, a faculdade de resolução que o preceito civil prevê: iria contra o interesse público[324].

Além disso, a Administração Pública, quando recorra à técnica da contratação, "... procura utilizar o instinto individual do lucro" próprio dos particulares[325]. Ora esse maquinismo pressupõe segurança e repartição de riscos: de outro modo, ou só os irresponsáveis se apresentam como candidatos à contratação pública ou comparecem agentes ponderados mas que, por cautela, irão exigir grandes margens de segurança.

Evidentemente: é sempre recomendável prever cláusulas expressas de revisão.

II. À Administração reconhece-se o poder de alterar unilateralmente os contratos[326]. Mas esse poder, como hoje está expressamente reconhecido no

---

[322] Assim: STA 19-Fev.-2003 (JOÃO BELCHIOR), Proc. 01031/02/ITIJ, visitado em 31-Out.--2006; ocorreu, aí, um "raro fenómeno geotécnico", que justifica a aplicação do artigo 179.º/1 do Decreto-Lei n.º 405/93, de 10 de Dezembro.
[323] Cf. MARCELLO CAETANO, *Manual de Direito administrativo* cit., 1, 10.ª ed., 628 ss..
[324] DIOGO FREITAS DO AMARAL, *Curso de Direito administrativo* cit., 2, 636.
[325] MARCELLO CAETANO, *Manual* cit., 1, 10.ª ed., 629.
[326] Vide AUGUSTO DE ATHAYDE, *Para uma teoria do contrato administrativo: limites e efeitos do exercício do poder de modificação unilateral pela Administração*, em *Estudos de Direito público em Honra do Professor Marcello Caetano* (1973), 71-106 (76 ss.) e MARIA JOÃO ESTORNINHO, *Requiem pelo contrato administrativo* cit., 130 ss..

artigo 180.º, *a*), do CPA, só deve ser exercido desde que seja respeitado o objecto do contrato e o seu equilíbrio financeiro[327].

Pois bem: esse mesmo equilíbrio manifesta-se, ainda, no domínio da alteração das circunstâncias.

III. Como alicerçá-lo? Tradicionalmente, ele era reportado a uma ideia de equidade e de justiça[328]. Tais critérios podem remeter para a "equidade" prevista no artigo 437.º/1. Prestam-se – tal como esse preceito – a uma flutuação casuística que, em cada situação, irá repartir os prejuízos pelos intervenientes consoante as suas características próprias.

A actual natureza reforçada da alteração das circunstâncias nos contratos públicos, alicerçada nas tradições francesa e alemã, permite-nos ir mais longe.

Vamos, assim, prosseguir a pesquisa com o estudo da boa fé e da confiança no Direito público.

---

[327] STA 27-Set.-2005 (José Manuel Almeida Simões de Oliveira), AcD 528 (2005), 1902-1918 (1916 e 1917).
[328] Marcello Caetano, *Manual* cit., 1, 10.ª ed., 629, Augusto de Athayde, *Para uma teoria do contrato administrativo* cit., 96 e Paulo Otero, *Estabilidade contratual, modificação unilateral e equilíbrio financeiro em contrato de empreitada de obras públicas*, ROA 1989, 913-959 (943).

VII. BOA FÉ E CONFIANÇA PERANTE O ESTADO

31. *A tutela da confiança*

I. No Direito português vigente – de acordo, aliás, com o que ocorre nas outras ordens jurídicas – a protecção da confiança efectiva-se por duas vias:

– através de disposições legais específicas;
– através de institutos gerais.

As disposições legais específicas de tutela da confiança surgem quando o Direito retrate situações típicas nas quais uma pessoa que, legitimamente, acredite em certo estado de coisas – ou o desconheça – receba uma vantagem que, de outro modo, não lhe seria reconhecida. Como meros exemplos, é o que sucede com a posição dos sujeitos face a certos actos das associações e sociedades civis puras (artigos 179.º, 184.º/2 e 1009.º) face à procuração (artigo 266.º) face à anulação ou declaração de nulidade dos actos jurídicos (artigo 291.º) e face à aquisição de coisa a comerciante (artigo 1301.º) ou a herdeiro aparente (artigo 2076.º/1, todos do Código Civil). É o que sucede ainda, embora com uma linguagem particular, com as fortes restrições postas à revogação de actos administrativos constitutivos de direitos – artigos 140.º/1, *b)* e 141.º/1 do Código do Procedimento Administrativo.

II. Os institutos gerais susceptíveis de proteger a confiança aparecem ligados aos valores fundamentais da ordem jurídica e surgem associados, por forte tradição românica, a uma regra objectiva da boa fé. Preconiza-se, a propósito dessa tutela da confiança, no Direito positivo português vigente, a construção seguinte:

– a confiança é protegida quando se verifique a aplicação de um dispositivo específico a tanto dirigido;

– fora desses casos, ela releva quando os valores fundamentais do ordenamento, expressos como boa fé ou sob outra designação, assim o imponham.

III. Um estudo aturado das previsões legais específicas que tutelam situações de confiança e das consagrações jurisprudenciais dos institutos genéricos onde tal tutela tenha lugar permite apontar os pressupostos da sua protecção jurídica[329]. São eles:

1.º Uma situação de confiança conforme com o sistema e traduzida na boa fé subjectiva e ética, própria da pessoa que, sem violar os deveres de cuidado que ao caso caibam, ignore estar a lesar posições alheias;
2.º Uma justificação para essa confiança, expressa na presença de elementos objectivos capazes de, em abstracto, provocarem uma crença plausível;
3.º Um investimento de confiança consistente em, da parte do sujeito, ter havido um assentar efectivo de actividades jurídicas sobre a crença consubstanciada;
4.º A imputação da situação de confiança criada à pessoa que vai ser atingida pela protecção dada ao confiante: tal pessoa, por acção ou omissão, terá dado lugar à entrega do confiante em causa ou ao factor objectivo que a tanto conduziu.

A situação de confiança pode, em regra, ser expressa pela ideia de boa fé subjectiva: a posição da pessoa que não adira à aparência ou que o faça com desrespeito de deveres de cuidado merece menos protecção.

A justificação da confiança requer que esta se tenha alicerçado em elementos razoáveis, susceptíveis de provocar a adesão de uma pessoa normal.

O investimento de confiança exige que a pessoa a proteger tenha, de modo efectivo, desenvolvido toda uma actuação baseada na própria confiança, actuação essa que não possa ser desfeita sem prejuízos inadmissíveis; isto é: uma confiança puramente interior, que não desse lugar a comportamento, não conduz a nada.

---

[329] Intentou-se proceder a tal análise no escrito MENEZES CORDEIRO, *Da boa fé* cit., 443 ss. e 742 ss. e *passim*, com uma síntese a pp. 1243 ss. e, por último, em *Tratado de Direito civil* I/1, 3.ª ed. (2005), 411 ss..

A imputação da confiança implica a existência de um autor a quem se deva a entrega confiante do tutelado. Ao proteger-se a confiança de uma pessoa vai-se, em regra, onerar outra; isso implica que esta outra seja, de algum modo, a responsável pela situação criada.

IV. Os quatro requisitos acima apontados devem ser entendidos e aplicados com duas precisões importantes.

As previsões específicas de confiança dispensam, por vezes, algum ou alguns dos pressupostos referidos[330]. Por exemplo, a aquisição *a non domino*, pelo registo, prevista no artigo 17.º/2 do Código do Registo Predial de 1984 – exemplo claro de tutela da confiança – opera a favor do terceiro que esteja de boa fé (a situação de confiança), que tenha agido com base no registo prévio, a favor do alienante (a justificação da confiança) e que tenha adquirido a título oneroso (o investimento de confiança). A irrevogabilidade de actos administrativos ilegais exige a titularidade do direito concedida pela Administração (a justificação da confiança), com efeitos constitutivos mantidos por certo lapso de tempo (investimento de confiança) e levada a cabo pelo próprio Estado (a imputação da confiança). Como se vê, no caso da aquisição *a non domino* pelo registo, a lei dispensa a imputação da confiança; no da irrevogabilidade de actos administrativos ilegais, a confiança está totalmente objectivada: dispensa-se a boa fé subjectiva[331].

V. Os requisitos para a protecção da confiança articulam-se entre si nos termos de um sistema móvel[332]. Isto é: não há, entre eles, uma hierarquia e não são, em absoluto, indispensáveis: a falta de algum deles pode ser compensada pela intensidade especial que assumam alguns – ou algum – dos restantes.

---

[330] Podem, sem dúvida, fazê-lo, uma vez que se trata de normas legais expressas; o limite estará, como é natural, na existência de fontes superiores de sinal contrário.

[331] A irrevogabilidade dos actos administrativos legais, quando constitutivos, obedece, também, à necessidade de proteger a confiança das pessoas. Mas embora, em simultâneo, com a tutela dos direitos adquiridos; ora, havendo ilegalidade, tal aquisição é posta, desde logo, em crise: apenas factores extrínsecos podem, pois, justificá-la.

[332] A ideia de sistema móvel foi apresentada há mais de meio século por WALTER WILBURG, *Entwicklung eines beweglichen Systems im bürgerlichen Recht* (1950), tendo sido divulgada por CLAUS-WILHELM CANARIS; refira-se *Die Vertrauenshaftung im Deutschen Privatrecht*, 2.ª ed. (1983), 301 ss., 312, 373, 389 e 529. A sua aplicação ao Direito português não oferece dificuldades e é útil, num prisma instrumental. Cf. MENEZES CORDEIRO, *Da boa fé* cit., 1248, 1262 e *passim*.

A mobilidade, assim entendida, dos requisitos em causa, ilustra-se, desde logo, com as situações acima sumariadas da aquisição pelo registo e da irrevogabilidade dos actos administrativos. Outro exemplo sugestivo: no caso da confiança possessória – que também não oferece dúvidas por ser objecto de normas específicas – a falta de justificação e, até, de boa fé subjectiva é compensável pelo intensificar do investimento de confiança: a posse não titulada ou, até, de má fé, não deixa de levar à usucapião, desde que haja um alongamento dos prazos da sua duração.

32. *O problema no Direito público*

I. A protecção da confiança, assente numa regra geral da boa fé e apoiada, para efeitos de elaboração dogmática, em várias consagrações pontuais expressas, pode considerar-se consolidada no Direito privado português[333]. A jurisprudência foi pioneira; a doutrina, com algumas dificuldades reconduzíveis a uma certa necessidade de reconverter a linguagem e de superar algum conceptualismo positivista residual, segue-a, com segurança crescente.

Terá cabimento no Direito público?

Julga-se que sim. E por duas razões fundamentais:

– a protecção da confiança corresponde a valores jurídico-sociais, expressos pela velha locução latina *bona fides*, que, embora reportados à pessoa, nada têm de intrinsecamente privado;
– a protecção da confiança liga-se, dogmaticamente, a princípios juspositivos tradicionalmente aprofundados no próprio Direito público e, designadamente, o princípio da igualdade.

II. A boa fé constitui um princípio geral do Direito. A asserção é clara quando, de boa fé, se intente dar uma acepção ética, como conjunto de valores morais que devem ser observados na vida de sociedade e a que o Direito não pode deixar de atender: com as adaptações necessárias, não se vê que tais

---

[333] Cf. ainda o escrito de BAPTISTA MACHADO, *Tutela da confiança e "venire contra factum proprium"* iniciado na RLJ 117 (1984), 229 ss., e incluído em *Obra dispersa*, vol. I (1991), 345-423, bem como uma vasta jurisprudência constante dos nossos tribunais, coligida, por exemplo, em MENEZES CORDEIRO, *Teoria geral do Direito civil*, 1.º vol., 2.ª ed. (1989), 376 ss. e *Tratado de Direito Civil* cit., I/1, 3.ª ed., 411.

valores estejam ausentes do Direito público ou que, nele, sejam algo de substancialmente diferente. Mas procede, também, quando se procure reconduzir a boa fé a termos puros de Direito positivo. Nessa altura, verifica-se que a boa fé se vai concretizar em duas vertentes:

– a protecção da confiança;
– a natureza material da regulamentação jurídica.

A primeira foi já objecto de desenvolvimento, no presente estudo; a segunda redunda no seguinte: o Direito, quando pauta os comportamentos das pessoas, pretende fazê-lo em termos reais; por isso, atenta contra a boa fé qualquer atitude que, com o Direito, tenha, tão-só, uma correspondência formal, frustrando o escopo efectivo que norteou a lei.

A natureza material da regulação jurídica é, no fundo, um postulado metodológico protagonizado, por razões histórico-culturais, através da exigência da boa fé. A sua necessidade é de molde a suscitar largo consenso, em qualquer ramo jurídico; o Direito público, ao manusear, aliás, a ideia de interesse público, foi pioneiro, nesse domínio.

A protecção da confiança, directamente implicada na problemática aqui em estudo, merece um desenvolvimento particular.

III. No que toca à boa fé em geral, a sua qualificação como património jurídico-cultural comum às mais diversas disciplinas não oferece, à partida, dúvidas. A cisão entre Direito público e Direito privado ganhou forma estrita, apenas, com o liberalismo e com as codificações civis por ele impulsionadas; a boa fé é muito anterior. No Direito romano, "normas públicas" e "privadas" interligavam-se, a todas interceptando a boa fé[334].

No Direito intermédio pode salientar-se o impulso decisivo dado, à boa fé, por Hugo Grotius, justamente em áreas hoje ditas de Direito público[335].

No Direito comparado, há que distinguir. Nos espaços jurídicos alemão, suíço e espanhol, a boa fé é conhecida e aplicada com frequência no Direito

---

[334] A *fides* primitiva ocorreu mesmo com uma tónica pública; cf. MENEZES CORDEIRO, *Da boa fé* cit., n.ºs 7 e 8.
[335] De HUGO GROTIUS é importante, a propósito da boa fé, o capítulo VI do *Parallelon rerum publicarum liber tertius* (1601 ou 1602), esquecido até à sua divulgação feita por WOLFGANG FIKENTSCHER, em 1979, em *De fide et perfidia/Der Treugedanke in den "Staatsparallelen" des Hugo Grotius aus heutiger Sicht*. Vide MENEZES CORDEIRO, *Da boa fé* cit., 211 ss..

público, em termos a que, abaixo, se fará referência. No Direito francês – com reflexos no italiano – isso não sucede com clareza. Mas tal não se deve à presença de qualquer fronteira, teórica ou prática que vede, no juspublicismo, a concretização dos valores jurídico-culturais transmitidos pela boa fé: verifica-se, antes, que em França e no próprio coração do Direito civil, a boa fé objectiva, por uma série de conjunções históricas, nunca logrou implantar-se[336]. E essa curiosidade histórica teve projecção nos espaços culturais de influência francesa. Em Portugal, o fenómeno foi tão claro que o Código Civil de 1867 pode, possivelmente, apontar-se como exemplo único de codificação que não refere a boa fé nos contratos, numa posição que a doutrina viria a transcender.

À medida que a Ciência do Direito portuguesa – nos seus elementos doutrinário e jurisprudencial – se emancipou do modelo francês, a viragem para a boa fé tornou-se efectiva. Essa emancipação, iniciada nos princípios do século XX, tornou-se definitiva, no Direito privado, com o Código Civil de 1966; no Direito público, complicado pela inexistência de uma codificação básica, ela tem vindo a afirmar-se, sendo clara, por exemplo, no regime jurídico da empreitada de obras públicas – e que pode ser considerado como regime paradigmático dos contratos administrativos – no artigo 6.º-A do CPA e na própria Constituição – artigo 266.º/2[337].

A criação de condições para o restabelecimento, na sua plenitude, de um princípio da boa fé no Direito público português está consumada.

IV. No Direito processual civil, a boa fé vem analisada na doutrina desde os finais do século XIX[338], com reconhecimento jurisprudencial no princípio do século[339]; está hoje firme na Ciência processualista[340], tendo, em Portugal,

---

[336] Vide MENEZES CORDEIRO, Da boa fé cit., 262 ss.. Em França, parte das soluções, conseguidas noutras latitudes, como na portuguesa, com recurso à boa fé, são obtidas graças a outros institutos, como o de faute; outra parte – como a alteração das circunstâncias, no campo privado – ficou, até hoje, sem solução.

[337] A boa fé já era jurisprudencialmente aplicada antes das reformas que conduziram a estes dois preceitos; cf. SÉRVULO CORREIA, Direito do contencioso administrativo cit., 1, 632.

[338] Recorde-se o clássico de JOSEF TRUTTER, Bona fides in Civilprozess/Ein Beitrag zur Lehre von der Herstellung der Urteilsgrunde) (1982, reimp. 1972).

[339] Assim, a sentença do RG 1-Jun.-1921, RGZ 102 (1921), 217-223 (217 e 222-223), que, com antecedentes, afirma, designadamente que "... deve aceitar-se que também a relação processual das partes, assim como o seu relacionamento jusmaterial, é dominado pelo princípio da boa fé, tal como a exceptio doli generalis, reconhecida para o Direito do Código Civil se dirige precisamente contra o comportamento do credor no processo".

[340] Cf. MENEZES CORDEIRO, Da boa fé cit., 376 ss., com bibliografia.

consagração na lei, servida por uma jurisprudência que, à litigância de má fé, deu uma acepção autónoma[341].

V. No Direito público material, em especial no Direito administrativo, a penetração deu-se, também, com segurança, apesar de dúvidas iniciais que não chegaram, na altura, a fazer lei. Tais dificuldades cifram-se no entendimento ultraliberal da não intervenção do Estado na vida civil; essa intervenção, a verificar-se, teria sempre natureza excepcional e careceria, caso a caso, de apoio em lei expressa. Não haveria, em consequência, lacunas no Direito público nem, por semelhança, lugar para conceitos indeterminados[342]. Tal questão não se põe há muito: a possibilidade de lacunas no Direito administrativo é reconhecida, estando firmadas, incluindo na lei, as fórmulas para a sua integração; os conceitos indeterminados têm, no Direito administrativo, uma posição privilegiada[343] tendo, daí, sido transpostos para o Direito civil. E isso foi, logo na primeira metade do século, claramente entendido, tendo surgido numerosas monografias dedicadas à boa fé administrativa[344], com apoio jurisprudencial[345]. Nas obras gerais, a boa fé no Direito público aparece pouco sistematizada e, na Alemanha, com desenvolvimentos inferiores aos já alcan-

---

[341] *Idem*, 379 ss., com doutrina e jurisprudência.
[342] MARCEL BAUMANN, *Der Begriff von Treu und Glauben im öffentlichen Recht* (1952), 73 e KATHARINA SAMELI, *Treu und Glauben im öffentlichen Recht*, 1977, 303-304. Outros desenvolvimentos podem ser confrontados em MENEZES CORDEIRO, *Da boa fé* cit., 383.
[343] P. ex., ANDREAS SETHY, *Ermessen und unbestimmte Gesetzesbegriff* (1973).
[344] Referindo, apenas, obras que foi possível consultar pessoalmente: ADOLF SCHULE, *Treu und Glauben im deutschen Verwaltungsrecht*, VwA 38 (1933), 399-436 e 39 (1934), 1-41; KARL HERMANN SCHMITT, *Treu und Glauben im Verwaltungsrecht/ Zugleich ein Beitrag zur juristischen Methodenlehre* (1935); FERDINAND GOWA, *Die Rechtsnorm von Treu und Glauben im Verwaltungsrecht* (1933); THEODOR PRAUN, *Treu und Glauben in der Verwaltungsrechtsprechung* (1933); WERNER KNIEPER, *Treu und Glauben im Verwaltungsrecht* (1933); WALTER JELLINEK, *Treu und Glauben im Verwaltungsrecht*, RVerwBP 52 (1931), 805-809; WERNER WEBER, *Grundsatz von Treu und Glauben im Verwaltungsrecht*, ZAkDR 7 (1940), 223-224; POETZSCH-HEFFTER, *"Treu und Glauben" und "gute Sitten" im öffentlichen Recht*, DJZ 38 (1933), 739-743; KLAUS TIPKE, *Gesetzmässigkeit der Verwaltung und Treu und Glauben*, StuW 35 (1958), 737-752; no Direito suíço, já se referiram os escritos de MARCEL BAUMANN e de KATHARINA SAMELI; refiram-se, ainda, ERWIN RUCK, *Treu und Glauben in der öffentlichen Verwaltung*, FS Simonius (1955), 341-350 e FRANÇOIS PICOT, *La bonne foi en droit public*, SchJV 111 (1977), 119-197.
[345] Cf. MENEZES CORDEIRO, *Da boa fé* cit., 384 ss., onde são sumariadas algumas decisões; a jurisprudência foi em vários aspectos, pioneira.

çados[346]; isso deve-se não a quaisquer críticas que lhe sejam dirigidas, mas ao interesse maior suscitado por temas novos, como o dos direitos fundamentais. Em compensação, ela tem suscitado um interesse especial, nos finais do século XX, em Espanha, onde a jurisprudência está na base do surto verificado[347].

No Direito fiscal, a boa fé tem um reconhecimento geral, na jurisprudência como na doutrina[348].

VI. Dos diversos aspectos que documentam a boa fé no Direito público, o da protecção da confiança, tem um papel de relevo[349]. No aspecto mais directamente em causa nesta análise, faz-se notar a injustiça fundamental que adviria para as pessoas quando a Administração assumisse, no tempo, atitudes contraditórias. Todos os motivos, facilmente incluídos, que levam a condenar o *venire contra factum proprium*, num prisma ético, psicológico e sociológico, jogam a favor do particular a quem a Administração tenha criado convicções justificadas. Existem boas perspectivas de ordem geral para a juridificação desta regra.

VII. Recentemente – e à semelhança, de certo modo, com o que se passa no Direito privado – verifica-se que certas soluções, antes directamente reconduzidas à boa fé, vêm sendo obtidas com recurso ao Direito estrito. Trata-se de um aspecto que fortalece a segurança das decisões e que, abaixo, melhor será referido.

---

[346] Com as menções de WILHELM MERK, *Deutsches Verwaltungsrecht* II (1970), 1681, 1697 e 2105, de ERNST FORSTHOFF, *Verwaltungsrecht/Allgemeiner Teil*, 8.ª ed. (1961), 155-159, de LANDMANN/ /GIERS/PROKSCH, *Allgemeines Verwaltungsrecht*, 4.ª ed. (1969), 108-111 e 10.ª ed. (1973), 283 ss., de WOLF/BACHOF, *Verwaltungsrecht* (1974), 1, 122 e 178 e de ERICHSEN/MARTENS, *Allgemeines Verwaltungsrecht*, 5.ª ed. (1981), (146-147) e 11.ª ed. (2002), 253 ss..

[347] Cf. FERNANDO SAINZ MORENO, *La buena fe en las relaciones de la administración con los administrados*, RAP 89 (1979), 293-314. Este autor (ob.cit., 299 ss.) sumaria dez decisões em que a boa fé funcionou como princípio actuante no Direito administrativo do País vizinho.

[348] Foram confrontadas: GERHARD MATTERN, *Steuerrecht und Steuermoral*, StuW 35 (1958), 257--258 e *Treu und Glauben im Steuerrecht* (1958); HEINRICH WILHELM KRUSE, *An der Grenzen von Treu und Glauben*, StuW 35 (1958), 719-738; HANS VOGEL, *Treu und Glauben im Steuer- und Zollrecht* (1960). A nível de obras gerais: GIERSCHMANN/ZOLLER, *Die Grundlagen, des deutschen Steuerrechts* (1959), 129-130; HEINRICH KRUSE, *Steuerrecht I – Allgemeiner Teil/Ein Studienbuch*, 3.ª ed. (1977), 69; KLAUS TIPKE, *Steuerrecht/Ein systematischer Grundriss*, 9.ª ed. (1983), 550.

[349] Foi possível compulsar as seguintes monografias: RULDOF FRANZ STICH, *Vertrauensschutz im Verwaltungsrecht* (1954), JOHANNES MAINKA, *Vertrauenschutz im öffentlichen Recht* (1963) e KARL--HEINZ LENZ, *Das Vertrauenschutz-Prinzip* (1968) que, apesar do seu título genérico foca, em particular, situações de Direito público.

33. *A evolução recente e o Direito português*

I. A doutrina mais recente tem vindo a reafirmar a tutela da confiança dos cidadãos no comportamento do Estado. Alicerçada numa jurisprudência já antiga mas sempre citada[350], a doutrina foi apontando aspectos elementares: a tutela da confiança, perante o Estado, protege contra a força e contra a concessão de favores[351].

Nos últimos anos, os grandes tratadistas fazem decorrer a tutela da confiança das pessoas no Estado e na manutenção, por este, de uma orientação estável, dos princípios do Estado de Direito, da legalidade e da segurança jurídica. Nesse sentido, como exemplos há muito sedimentados, Achterberg[352], Erichsen e Martens[353], Hofman e Gerke[354], Faber[355], Battis[356] e Peine[357]. O aspecto mais visível desta tutela é a não-revogabilidade dos actos favoráveis aos particulares, passado um certo período de "consolidação".

II. Pela nossa parte, e em conjunto com diversa doutrina, temos vindo a procurar apoio para a tutela da confiança no princípio geral da igualdade.

Consagrada, com solenidade, nos diversos textos constitucionais, a igualdade veio a revelar campos de concretização diferenciados[358]. Partindo de uma obrigação, a cargo do Estado, de tratar as pessoas como iguais, na aplicação da lei, a igualdade veio, sob o pensamento liberal, a ligar-se à exclusão de privi-

---

[350] Designadamente: do Tribunal Federal Administrativo alemão, invocando a tutela da confiança perante o Estado de Direito – BVerwG 30-Ago.-1961, BVerwGE 13 (1962), 28-33 (32) e BVerwG 11-Dez.-1963, DÖV 1964, 276-277 (277); cf. FRITZ HAUEISEN, *Zum Problem des Vertrauenschutzes im Verwaltungsrecht*, DVBl 1964, 710-721.
[351] FRITZ OSSENBÜHL, *Vertrauenschutz im sozialen Rechtsstaat*, DÖV 1972, 25-36.
[352] NORBERT ACHTERBERG, *Allgemeines Verwaltungsrecht/Ein Lehrbuch*, 2.ª ed. (1986), 31, 104 e 596 ss..
[353] HANS-UWE ERICHSEN/WOLFGANG MARTENS, *Allgemeines Verwaltungsrecht*, 7.ª ed. (1986), 247.
[354] HARALD HOFMAN/JÜRGEN GERKE, *Allgemeines Verwaltungsrecht*, 6.ª ed. (1994), 164.
[355] HEIKO FABER, *Verwaltungsrecht*, 4.ª ed. (1995), 273 ss..
[356] ULRICH BATTIS, *Allgemeines Verwaltungsrecht*, 2.ª ed. (1997), 207.
[357] FRANZ-JOSEPH PEINE, *Allgemeines Verwaltungsrecht*, 4.ª ed. (1998), 204 ss..
[358] KONRAD MESSE, *Der Gleichheitsgrundsatz im Staatsrecht*, AöR 77 (1951/52), 167-224 (172 ss.), GÜNTHER DAX, *Das Gleichbehandlungsgebot als Grundlage positiver subjectiv-öffentlicher Rechte* (1969), 24 ss., CASTANHEIRA NEVES, *O instituto dos "assentos" e a função jurídica dos supremos tribunais* (1983), 120 ss., GOMES CANOTILHO, *Constituição dirigente e vinculação do legislador* (1982), 380 ss. e MENEZES CORDEIRO, *Manual de Direito do trabalho* (1994), 581 ss..

légios e, depois, mediante o influxo de pensamentos de exigência social crescente, a manifestar-se como igualdade na participação jurídico-social e, por fim, como igualdade efectiva capaz de, numa contradição aparente, habilitar à produção de normas que favoreçam os mais fracos[359].

Cruzando os campos acima apontados, a igualdade ergue-se, ainda, como postulado de qualquer ordem jurídica civilizada: requerendo que o igual seja tratado de modo igual e o diferente, de forma diferente, de acordo com a medida da diferença, a igualdade implica, no fundo, a proscrição do arbítrio, base insubstituível do Direito e da sua Ciência.

III. Não se pode aplicar a mesma lei a situações diferentes, desde que a diferença seja, naturalmente, relevante; tal como a aplicação de leis diferentes a situações iguais, isso seria a negação da igualdade.

Ora a pessoa que se encontre numa situação de confiança e que erga, sobre ela, todo um edifício de atitudes, fica numa posição específica diferente da da pessoa que não tenha sido colocada em tal circunstancialismo. Perante isso, a lei a aplicar tem de ter essa confiança em conta: quando não, e por tratar de modo igual o que é diferente, contunde com a igualdade[360]. E a igualdade tem inequívoca consagração constitucional – artigo 13.º.

Como manifestação clara desta necessidade, pode apontar-se o dispositivo já referenciado do artigo 141.º/1 do CPA: o acto administrativo, sendo ilegal, não deveria, em termos estritos, criar qualquer direito; não obstante, não se pode ver o beneficiário de tal acto, mesmo viciado, como se de um não--beneficiário se tratasse: o acto, passado certo lapso, não mais pode ser revogado. E a igualdade não é violada com o surgir de um direito por uma via que não aproveita a todos; pelo contrário: ela exige essa solução.

IV. A busca de outros elementos jurídico-positivos em apoio da tutela da confiança, no Direito público, permite coligir directrizes importantes. Assim e sem qualquer intenção de exaustividade, registem-se:

– o princípio da boa fé na actuação dos órgãos e agentes administrativos (artigo 266.º/2, da Constituição);
– a não-retroactividade da lei penal (artigo 29.º/1, da Constituição);

---

[359] Cf. MENEZES CORDEIRO, *Da boa fé* cit., 1272.
[360] Cf. MENEZES CORDEIRO, *Da boa fé* cit., 1276, *maxime*.

- o respeito, salvo casos particulares, pelo caso julgado, mesmo quando obtido na base de normas inconstitucionais (artigo 282.º/3, da Constituição);
- a consagração expressa do princípio da boa fé no exercício da actividade administrativa, pelo artigo 6.º-A do CPA, aditado pelo Decreto-Lei n.º 6/96, de 31 de Janeiro, que especifica, no seu n.º 2, dois vectores fundamentais de Direito a que se deve atender[361]:
    a) A confiança suscitada na contraparte pela actuação em causa;
    b) O objectivo a alcançar com a actuação pretendida.
- a vigência, nos contratos administrativos, da denominada "teoria da imprevisão", como modo de conservar, mesmo perante alterações supervenientes, o equilíbrio financeiro inicial, que levou o particular a contratar com a Administração[362];
- a vigência, no Direito administrativo português, ditada "por razões de certeza e de segurança da ordem jurídica" da regra pela qual o acto administrativo inválido é anulável e, só excepcionalmente, nulo; pretende-se, assim, sanar com rapidez as invalidades, que devem ser arguidas em prazos curtos[363];
- as restrições quanto à margem de revogação dos actos administrativos constitutivos de direitos; nas palavras de Freitas do Amaral – 140.º/1, b), do CPA:

> (...) a pessoa a quem os direitos foram atribuídos tem de poder confiar na palavra dada pela Administração e tem de poder desenvolver a sua vida jurí-

---

[361] Trata-se, pecisamente, das vias de concretização que apresentámos em 1984, pela primeira vez (*Da boa fé* cit., 1234 ss. e 1252 ss.) e que hoje está consagrada também na Lei sobre Cláusulas Contratuais Gerais (artigo 16.º). Cf. FREITAS DO AMARAL, *Curso de Direito administrativo* cit., 2, 136 e MARCELO REBELO DE SOUSA/ANDRÉ SALGADO DE MATOS, *Direito administrativo geral*, 2.ª ed., cit., 1, 217 ss., 220 ss..

[362] Recordamos, apenas a nível nacional: MARCELLO CAETANO, *Manual de Direito Administrativo* cit., 1, 10.ª ed., 590-591; AUGUSTO DE ATHAYDE, *Para a teoria do contrato administrativo* cit., 91 ss.; ESTEVES DE OLIVEIRA, *Direito Administrativo* 1 (1980), 706 ss. e *Contrato administrativo*, Enc. Pólis 1 (1983), 1246-1256 (1255); FREITAS DO AMARAL, *Direito administrativo*, 3.º vol. (1985), 443 ss..

[363] Quanto à regra em causa, já referida, FREITAS DO AMARAL, *Direito administrativo* cit., 3, 306 ss.. A tutela da confiança vai, aqui, mais longe do que no Direito civil, onde a regra é a da nulidade e onde a posição de terceiros só fica acautelada na situação particular do artigo 291.º do Código Civil.

dica com base nos direitos que legitimamente adquiriu. É o princípio do respeito pelos direitos adquiridos, base da confiança na palavra dada[364];

– a tendência de, ao "acto administrativo constitutivo de direitos", associar uma ideia ampla por forma a englobar "todos os actos administrativos que atribuem a outrem direitos subjectivos novos, ou que ampliam direitos subjectivos existentes, ou que extinguem restrições ao exercício de um direito já existente"[365].

V. A protecção da confiança é, assim, assegurada no Direito público português. Trata-se de uma exigência constitucional filiada na igualdade, que aflora em numerosos institutos singulares. Não é difícil, com base nestes elementos, concluir pela existência de um princípio geral de Direito administrativo de protecção da confiança, com equivalente, aliás, no Direito público, e no Direito em geral, como expressão da tradicional boa fé, apoiada nos princípios da igualdade e da legalidade.

34. *A concretização da confiança; síntese com os elementos tradicionais*

I. Na concretização da boa fé no Direito público, a doutrina[366] e a jurisprudência[367] utilizam, sem problemas, o sistema móvel composto pelas quatro proposições acima referidas[368] e que também são pacíficas na jurisprudência civil[369]. Recordamos: 1.º Uma situação de confiança; 2.º Justificada; 3.º Um investimento de confiança; 4.º Imputável a quem vai suportar a tutela a conceder ao confiante.

---

[364] FREITAS DO AMARAL, *Direito administrativo* cit., 3, 348.
[365] FREITAS DO AMARAL, *Direito administrativo* cit., 3, 349. Esta posição era já sufragada por MARCELLO CAETANO, *Manual* cit., 1, 10.ª ed., 454, que sintetiza a ideia dizendo: "*Acto constitutivo* de direitos é o acto administrativo que cria ou modifica um poder jurídico ou extingue restrições ao seu exercício".
[366] MARCELO REBELO DE SOUSA, *O concurso público na formação do contrato administrativo* (1994), 27 ss., FREITAS DO AMARAL, *Curso de Direito administrativo* cit., 2, 137 e MARCELO REBELO DE SOUSA/ANDRÉ SALGADO DE MATOS, *Direito administrativo geral* cit., 1, 216.
[367] STA 4-Out.-2005 (ANTÓNIO POLÍBIO FERREIRA HENRIQUES), AcD 528 (2005), 1918-1934.
[368] *Supra*, 92.
[369] Contam-se, hoje, por dezenas os arestos dos tribunais superiores que acolhem essa metodologia concretizadora. Cf. algumas espécies no nosso *Tratado* cit., 1, 3.ª ed., 411.

II. No presente momento da evolução jurídico-científica do Direito público, as referências à confiança e à sua concretização são pacíficas. Todavia, nem sempre se tem passado à sua aplicação perante o Estado. É frequente, particularmente no campo económico, a frustração de expectativas criadas pelo Estado. Subsequentemente, a Administração Pública, apoiando-se em expedientes tais como inexistentes condições, desliga-se de quanto criou, enjeitando responsabilidades. Há que insistir. Não é suficiente desenvolver uma Ciência do Direito diferenciada e de alto nível: há, ainda, que fazer penetrar a correspondente cultura nos diversos agentes administrativos, incluindo os membros do Governo.

III. A inclusão da doutrina da confiança no Direito administrativo português marca uma viragem definitiva para o estilo germânico. No tocante ao equilíbrio financeiro: os particulares aderem a uma equação financeira assegurada pela Administração; não podem ser desamparados por superveniências.

Todavia, esse estilo vem justapor-se – sem o substituir – ao francês: há que salvaguardar o interesse público, a continuidade dos serviços e a própria mutabilidade do contrato. Chegamos, assim, a uma visão dinâmica da confiança, visão essa que traduz o próprio pensamento jurídico-científico nacional, criativo em relação à soma das ordens jurídicas dadoras. Vamos ver até onde se poderá explorar essa interessante pista.

VIII. A RECONSTRUÇÃO DINÂMICA DO EQUILÍBRIO FINANCEIRO

35. *Contratos públicos e confiança*

I. A confiança que vimos reinar nas relações dos particulares com o Estado assume uma dimensão agravada no domínio dos contratos públicos[370]. Além de toda a lógica da actividade administrativa manifestam-se, aqui, os vectores que se prendem com o respeito ancestral pelas combinações feitas e pela palavra dada[371]. Trata-se, ainda, de um elemento que tem vindo a ser incrementado no Direito administrativo europeu[372].

II. Perante um contrato público, o particular adere a um programa de actuação, firmado com o Estado. A confiança daí resultante é multidimensional. Salientamos:

- confiança no acatamento, pelo Estado, dos deveres por este assumidos;
- confiança no não-exercício da faculdade de alterar o contrato, sem reconstituir o equilíbrio inicial;
- confiança na manutenção do circunstancialismo que constitua a base da contratação.

III. Quando estejam em causa concessões complexas, que exijam múltiplos investimentos, estes aspectos são mais marcados. É justamente na base de

---

[370] Já FORSTHOFF, *Lehrbuch des Verwaltungsrechts*, I – *Allgemeiner Teil*, 10.ª ed. (1973), 282.
[371] STEFFEN KAUTZ, *Absprachen im Verwaltungsrecht/ Zülassigkeit, Grenzen und Folgen* (2002), 325 e 327.
[372] STEFAN KUNTZE, *Allgemeines Verwaltungsrecht*, em JAN BERGMANN/MARKUS KENTRER, *Deutsches Verwaltungsrecht unter europäischen Einfluss* (2002), 135-162 (149). Quanto ao Direito administrativo europeu, refira-se o incontornável JÜRGEN SCHWARZE, *Europäisches Verwaltungsrecht/ Entstehung und Entwicklung im Rahmen der Europäischen Gemeinschaft*, 2.ª ed. (2005), 1500 pp., com rec. GÜNTHER HIRSCH, NJW 2005, 2666-2667.

uma confiança ampla que o particular aceita contrapartidas baixas e procede à mobilização das poupanças e dos créditos que se mostrem necessários.

A confiança não se limita, assim, à não-ocorrência de graves prejuízos: ela antes assenta em todo um programa contratual, a desenrolar no tempo, e que irá proporcionar o lucro mobilizador de toda a operação.

36. *As cláusulas específicas de alteração das circunstâncias; a sua natureza*

I. Prosseguindo, vamos passar a enquadrar, no âmbito da temática em estudo, as questões mais frequentes que a prática da matéria permite detectar. E em primeiro lugar ocorre o tratamento das cláusulas contratuais de modificações do contrato, em face de alterações de circunstâncias.

A presença de tais cláusulas é de aplaudir. Estamos perante um domínio da autonomia privada. A saída mais evidente para qualquer eventualidade superveniente é o recurso à vontade normativamente relevante das partes. De resto e em bom rigor: havendo cláusula explícita de adaptação, nem existirá, já, um tema de alteração de circunstâncias. Apenas deparamos com um contrato dinâmico, previsto para se aplicar ao longo do tempo e devidamente apetrechado para o efeito.

Isto dito, verifica-se que as cláusulas específicas de alteração das circunstâncias deixam em aberto três questões:

– a sua natureza;
– o problema das alterações que caiam fora do seu âmbito;
– o problema das alterações que, caindo no seu âmbito, ultrapassem, pela sua intensidade, o que as partes terão previsto.

II. A questão da natureza das cláusulas específicas de alteração das circunstâncias, a que já se aludiu[373], cifra-se no seguinte: quando tais cláusulas se limitem a, *ipsis verbis* ou por palavras suas, repetir os preceitos legais, estaremos perante comandos de que tipo? O ponto é importante: dele depende a interpretação a efectuar, bem como qualquer integração que se venha a mostrar necessária. Além disso, joga-se ainda a própria extensão das regras a ter em conta: uma remissão para a lei implicará, de modo automático, o acolhimento da doutrina e da jurisprudência conexas.

---

[373] *Supra*, 88-89.

VIII. A reconstrução dinâmica do equilíbrio financeiro

Trata-se de uma questão há muito resolvida. As normas legais integradas, como "cláusulas", em contratos mantêm a sua natureza legal. Bastará invocar um exemplo de escola: as partes lembravam-se de transcrever, num contrato, o Código Civil ou a própria Constituição: por certo que nenhuma alquimia jurídica permitiria, nessas eventualidades, mudar a natureza do texto transcrito. E isso mesmo nas áreas disponíveis. A transcrição de uma lei revela, antes do mais, a intenção (reforçada) de a cumprir.

III. Perante uma cláusula que apenas parcialmente reproduza o mecanismo legal vigente de alteração das circunstâncias, fica a pergunta: as partes pretenderam afastar as parcelas legais não acolhidas?

Não se pode dar uma resposta uniforme. Vamos por etapas. As partes só poderão afastar matéria dispositiva: não a injuntiva. No Direito público, as regras que impõem o equilíbrio financeiro são de ordem pública. De outro modo, não valeria a pena o legislador afadigar-se, nos vários ordenamentos, a prever a figura do equilíbrio financeiro ou seus sucedâneos: a Administração Pública viria afastá-los, através de cláusulas *ad hoc*. O próprio princípio da legalidade condenaria tal hipótese.

IV. Nenhuma cláusula de adaptação poderá ser interpretada como afastando o núcleo legal da alteração das circunstâncias, no Direito público. Tal cláusula apenas poderá movimentar-se dentro do espaço deixado em aberto pelo legislador: prevendo regras de procedimento, métodos de avaliação, sinais de alarme quanto a alterações ou convenções especiais de arbitragem. Não é possível, nos contratos públicos, suprimir a faculdade de adaptação às circunstâncias, concentrando designadamente, no particular, o risco das eventualidades. Para além do que foi dito quanto à legalidade, cabe invocar as raízes do instituto: o serviço público. A Administração não pode fazer depender as suas funções de áleas incontroláveis. A sobrevivência económica do particular contratante é vital para a comunidade organizada (o Estado!), como há um século foi descoberto pela própria (e rígida) jurisprudência francesa.

V. Isto dito: perante uma cláusula parcial de alteração de circunstâncias, será questão de interpretação o saber se ela contamina a matéria legal por ela não-atingida ou se, pelo contrário, ela deve ser interpretada no seu ciclo estreito de formulação. Na dúvida, a prevalência do serviço público levará a validar as soluções mais favoráveis à adaptação e à manutenção da saúde financeira do contrato.

37. As alterações que caiam fora do âmbito das cláusulas

I. Previstas cláusulas relativas à alteração de circunstâncias, pergunta-se como reagir perante imprevisões que caiam fora do seu âmbito.

Começaremos por constatar que essa eventualidade é totalmente verosímel. A alteração das circunstâncias é, na sua essência, uma modificação anormal e imprevisível. Por isso, mesmo quando as partes se esforcem para tudo prever, muitas eventualidades ficarão sempre esquecidas.

II. No puro Direito civil, poder-se-ia argumentar: se as partes apenas previram um certo tipo de alterações de circunstâncias, ficam excluídas as de tipo diferente, o que seria viável por se tratar de matéria disponível. Claro: ainda aí seria preciso contrapor que, perante determinadas alterações, a própria cláusula de adaptação restritiva teria de ser modificada, *ex bona fide*. Tudo seria retomado, *ab initio*.

Já no domínio do Direito público, a especialidade dos valores em presença obriga, desde logo, a diferentes reflexões.

III. A regra do equilíbrio financeiro é impositiva. No que, dela, caia fora da cláusula de adaptação, há que aplicar a lei. Manifestam-se os valores e as ponderações que implicaram, ao longo de décadas de aperfeiçoamento jurídico, a radicação, no Direito público, dos institutos da imprevisão, da *clausula rebus sic stantibus* ou, simplesmente, da alteração das circunstâncias.

Em suma: alterações que caiam fora do âmbito das cláusulas de adaptação previstas nos contratos são puras alterações imprevistas: aplica-se-lhes a lei ou, se se preferir: o ordenamento, no seu conjunto.

38. As alterações que superem, no interior, as cláusulas

I. A terceira hipótese a considerar é a da ocorrência de alterações que caíram no âmbito das cláusulas de adaptação mas que, pela sua intensidade, superem o que havia sido previsto pelas partes. O exemplo de escola é, por hipótese, o da indexação de certos preços ao valor do ouro: *quid iuris* se o próprio ouro se desvalorizar imprevisivelmente? Ou então: consigna-se uma garantia de certa margem de lucro para os accionistas: *quid iuris* se, perante a evolução geral da economia, essa margem se tornar desfavorável, levando a uma fuga de capitais? O serviço público não pode ser prejudicado.

II. As cláusulas de adaptação às circunstâncias podem, elas próprias, ser vítimas das alterações de circunstâncias. Elas são previstas, dentro do que a lei permita, para um certo patamar de alterações. Se esse patamar for transcendido, reacende-se a questão.

Há que fazer um duplo apelo ao princípio do equilíbrio financeiro:

– para determinar os limites intrínsecos da própria cláusula de adaptação: se, accionada esta, o desequilíbrio se mantiver, foram superadas as potencialidades da cláusula;
– para resolver os problemas, uma vez transcendidos esses limites.

III. Como conclusão, podemos considerar que as cláusulas de adaptação devem sempre ser confrontadas com a realidade ambiental que rodeie o contrato. Quando essa realidade se movimente para além do que, razoavelmente, as cláusulas vieram prever, há que fazer apelo à Ciência do Direito e aos princípios que regem as alterações de circunstâncias.

39. *Alterações causadas pelo Estado*

I. Ainda na prática, verifica-se que os contratos administrativos são, muitas vezes, atingidos por alterações causadas pelo próprio Estado. A título de meros exemplos, podemos enunciar:

– alterações legislativas: o Estado modifica o quadro legal que regia o sector em cujo âmbito fora celebrado o contrato em causa;
– modificações administrativas: a Administração passa a adoptar procedimentos diversos, assim perturbando o equilíbrio de certos contratos: o exemplo de escola será o da construção de uma nova estrada ou de um novo porto, que esvaziem a actividade de concessões existentes no âmbito de estradas antigas ou de portos já em funcionamento;
– actuações privadas da Administração: o próprio Estado inicia um processo produtivo concorrente, com isso afectando as margens do concessionário.

II. Deve-se prevenir que todas as alterações causadas pelo Estado devem, à partida, ser lícitas, legítimas e correctas. Se não for o caso, tais iniciativas têm de cessar, não se pondo um problema de alteração de circunstâncias. O Estado prossegue o interesse público, presumindo-se que assim suceda, correctamente.

Mas o interesse público que presida às iniciativas perturbantes não pode justificar a quebra do equilíbrio em contratos preexistentes. Joga-se a confiança no Estado: específica, do interessado e geral, da comunidade.

Imaginemos que, num determinado sector concedido a um particular, o Estado permite a intromissão de um novo operador ou faculta, a certos intervenientes, o acesso, *per saltum*, a bens antes só acessíveis através do concessionário: mesmo quando tais medidas forem economicamente indicadas, não deixaria de se colocar o problema do equilíbrio financeiro. É evidente que nenhuma destas eventualidades surgirá coberta pelo "risco do contrato".

III. As alterações de circunstâncias causadas pelo próprio Estado e que atinjam contratos públicos já celebrados vêm, no fundo, assumir uma dupla dimensão:

– traduzem o exercício, pelo Estado, do seu poder de modificar unilateralmente e em nome do interesse público, certos contratos;
– implicam alterações de circunstâncias.

Quanto ao primeiro aspecto: no Direito privado, a adopção, por uma das partes, de medidas que viessem a atingir a execução de contratos por ela celebrados equivaleria à violação do próprio contrato: seja directamente, seja *ex bona fide* (762.º/2, do Código Civil). Já no Direito público, a ingerência unilateral é possível (artigo 176.º do CPA). Mas tem, como contrapartida, a manutenção do equilíbrio financeiro, como resulta desse mesmo preceito.

Quanto ao segundo: parece claro. A alteração de circunstâncias não tem de ser ilegítima, para surgir eficaz. Também aqui prevalece o equilíbrio financeiro.

IV. Em suma: perante alterações causadas pelo próprio Estado, a aplicação do princípio do equilíbrio financeiro assume um duplo título de concretização. O reequilíbrio impõe-se, seja por via da modificação unilateral, seja pela da alteração de circunstâncias. Essa cumulação de fundamentos mais fortalece a aplicação de quanto temos vindo a desenvolver.

40. *A exclusão dos riscos próprios do contrato*

I. Quer a lei, quer as cláusulas de estilo que se limitem a retomá-la excluem, do âmbito de aplicação da alteração de circunstâncias e do reequilíbrio financeiro daí decorrente, os chamados riscos próprios do contrato. Que riscos são esses?

II. Uma visão não-técnica levaria, num contrato administrativo, a considerar precisamente como "riscos próprios do contrato" as hipóteses de alterações radicais ou de intromissão do Estado. São hipóteses que se põem e que todos discutem: logo, são previsíveis aquando da conclusão contratual. Por este caminho, pouco ficaria para a alteração das circunstâncias e para o reequilíbrio financeiro.

III. Tecnicamente, os "riscos próprios do contrato" têm um alcance muito diferente. Na raiz, recordamos que os contratos públicos, para conseguirem uma conclusão competitiva, com baixos preços, afastam as áleas de intervenções do Estado ou de modificações ambientais: de outro modo, recorrer-se-ia a contratos a curto prazo e com largas margens de segurança. Ninguém, de bom senso, iria contratar a 20 ou a 30 anos se, no programa económico-financeiro subjacente, tivesse de integrar variáveis de tipo político ou de tipo económico, nacional e/ou internacional. Portanto e sempre tecnicamente: os "riscos próprios do contrário" não incluem todos aqueles "riscos" que, historicamente, levaram ao aparecimento do instituto do equilíbrio financeiro.

IV. Os "riscos próprios do contrato" são, apenas, aquelas pequenas flutuações do dia-a-dia, que ao concessionário compete gerir. O instituto do equilíbrio financeiro opera como instrumento complexo, solene e de funcionamento esporádico. Não deve ser utilizado para enfrentar bagatelas. Donde, a exclusão de tais "riscos": na lei e/ou nos contratos, em cláusulas habituais.

41. Corporate governance e equilíbrio público

I. Resta acrescentar algumas palavras sobre o modo de restabelecer o equilíbrio financeiro do contrato, quando perturbado.

A gestão de um contrato administrativo segue uma lógica empresarial. É justamente para aproveitar as riquezas que, assim, se podem criar que o Estado recorre à associação com particulares, celebrando contratos. Ao eliminar os riscos, o Estado consegue contratar em condições óptimas. De outra forma, os particulares conscienciosos teriam de se rodear de cautelas, para enfrentar imprevistos: a contratação pública ou encareceria ou só seria procurada por aventureiros. Em suma: as ideias de serviço público competitivo e de continuidade vêm completar a ideia de confiança.

II. A confiança gerada abrange todos os aspectos em jogo. Os particulares aderem por julgarem possível e desejável uma gestão dinâmica, pautada pelas regras do governo das empresas.

Acresce ainda que os contratos são um todo: coerente e harmónico. Apenas para efeitos de análise se torna possível, deles, desinserir algum ou alguns aspectos. A alteração de circunstâncias pode atingir uma geometria delicada. Pois tudo isso deve ser restaurado, mercê do reequilíbrio financeiro. De outro modo, o instituto ficará aquém das suas possibilidades, com prejuízo para os direitos dos particulares.

III. Os gestores envolvidos em reequilíbrios financeiros de contratos públicos devem – até por imperativo legal: veja-se a nova redacção do artigo 64.º do Código das Sociedades Comerciais – assegurar os interesses dos accionistas, dos trabalhadores e dos *stakeholders* da empresa. E é a confiança de todos estes intervenientes que gera a teia hoje necessária para quaisquer investimentos sérios. A ligação entre o contrato público e a realidade económica torna-se incontornável[374]. O reequilíbrio dos contratos deve ser levado a cabo pelo prisma da boa gestão, devidamente fiscalizada. Em suma: deve observar o exigido pelas regras de governo das sociedades ou *corporate governance*.

IV. Embora simples, as considerações anteriores já deixam antever o nível dinâmico do princípio do equilíbrio financeiro. Não se trata de evitar males maiores: a confiança e o interesse público vão mais longe. Antes se pretende viabilizar, em todas as dimensões, o projecto subjacente ao contrato público celebrado.

Para além de (meras) indemnizações, será necessário, nas diversas ocorrências, operacionalizar o contrato de modo a garantir tal projecto.

Os contratos públicos aprofundam, deste modo, as regras mais gerais praticadas no campo civil. Confirma-se a relação de especialização que reina entre o público e o privado.

---

[374] *Vide* os interessantes estudos reunidos em THIERRY KIRAT, *Économie et droit du contrat administratif* (2005), 315 pp..

ÍNDICE DE JURISPRUDÊNCIA

JURISPRUDÊNCIA PORTUGUESA

Supremo Tribunal de Justiça

STJ 18-Mar.-1975 (José António Fernandes), alteração de circunstâncias; prejuízo – 77.
STJ 15-Abr.-1975 (Garcia da Fonseca), alteração de circunstâncias; negócio especulativo – 74.
STJ 6-Abr.-1978 (Costa Soares), alteração; prejuízo – 76.
STJ 10-Mai.-1979 (Miguel Caeiro), alteração de circunstâncias – 74.
STJ 17-Jan.-1980 (Abel de Campos), alteração de circunstâncias; empreitada – 77.
STJ 17-Jan.-1980 (Rodrigues Bastos), alteração de circunstâncias – 74.
STJ 13-Mai.-1980 (Oliveira Carvalho), alteração de circunstâncias – 74.
STJ 20-Abr.-1982 (Victor Coelho), alteração de circunstâncias – 74.
STJ 25-Mai.-1982 (Santos Carvalho), alteração de circunstâncias; arrendamento – 74.
STJ 22-Fev.-1983 (Lopes Neves), desvalorização monetária – 75.
STJ 20-Mai.-1985, contrato de execução continuada – 78.
STJ 7-Nov.-1985, Proc. n.º 72.916, anormalidade – 75.
STJ 13-Fev.-1986 (Serra Malgueiro), alteração de circunstâncias; descolonização – 74, 77.
STJ 23-Out.-1986 (Almeida Ribeiro), contrato já cumprido – 78.
STJ 3-Nov.-1987 (Joaquim Figueiredo), imprevisibilidade – 75.
STJ 26-Mai.-1993 (José Magalhães), anormalidade – 75.
STJ 20-Jan.-2000 (Ferreira de Almeida), alteração de circunstâncias; "base do negócio" – 74.
STJ 27-Set.-2001 (Araújo Barros), riscos próprios do contrato – 77.
STJ 5-Nov.-2002 (Silva Paixão), aplicabilidade, por defeito, do Direito civil – 49.
STJ 16-Jan.-2004 (Reis Figueira), alteração de circunstâncias; "base do negócio" – 74.
STJ 2-Mar.-2004 (Afonso Correia), alteração de circunstâncias; bilateralidade – 74.

Supremo Tribunal Administrativo (Pleno)

STA(P) 18-Jun.-1985 (Valadas Preto), concessão de exploração de zonas de jogo – 41.
STA(P) 22-Mai.-1986 (Fonseca Fernandes), idem – 41.
STA(P) 24-Jun.-1986 (Sampaio da Nóvoa), idem – 41.
STA(P) 16-Dez.-1986 (Fonseca Fernandes), idem – 41.

STA(P) 16-Dez.-1986 (GONÇALVES PEREIRA), idem – 41.
STA(P) 29-Jan.-1987 (TEIXEIRA MARTINS), idem – 41.

Supremo Tribunal Administrativo

STA 29-Nov.-1984 (SAMPAIO DA NÓVOA), revisão por alteração de circunstâncias – 87.
STA 31-Mar.-1987 (OLIVEIRA MATOS), contrato de concessão; regime especial, 42.
STA 13-Out.-1999 (MÁRIO TORRES), relação de Direito administrativo – 42.
STA 19-Fev.-2003 (JOÃO BELCHIOR), equilíbrio financeiro – 89.
STA 19-Fev.-2004 (PEDRO MANUEL PINHO DE GOUVEIA E MELO), essência do contrato administrativo – 48.
STA 22-Jun.-2004 (ANTÓNIO POLÍBIO FERREIRA HENRIQUES), gestão do Estado – 48.
STA 29-Jun.-2005 (ANTÓNIO POLÍBIO FERREIRA HENRIQUES), natureza do contrato administrativo – 48.
STA 27-Set.-2005 (JOSÉ MANUEL ALMEIDA SIMÕES DE OLIVEIRA), equilíbrio financeiro – 90.
STA 4-Out.-2005 (ANTÓNIO POLÍBIO FERREIRA HENRIQUES), concretização da boa fé – 102.

Relação de Évora

REv 10-Mar.-1977 (DIAS DA FONSECA), alteração de circunstâncias – 74.
REv 14-Abr.-1977 (MANSO PRETO), alteração de circunstâncias – 74.

Relação de Guimarães

RGm 17-Nov.-2004 (MARIA ROSA TCHING), natureza do contrato administrativo – 48.

Relação de Lisboa

RLx 24-Abr.-1986 (AFONSO ANDRADE), alteração; prejuízo – 76, 78.
RLx 28-Mai.-1987 (MOREIRA MATEUS), imprevisibilidade – 75.
RLx 9-Jul.-1991 (CRUZ BROCO), imprevisibilidade – 75.
RLx 21-Mai.-1992 (NASCIMENTO GOMES), imprevisibilidade – 75, 78.
RLx 5-Mai.-1994 (ALMEIDA E SOUSA), anulabilidade – 75.
RLx 15-Jan.-2002 (PEREIRA DA SILVA), aplicabilidade, por defeito, do Direito civil – 49.
RLx 19-Mai.-2005 (SALAZAR CASANOVA), imprevisibilidade – 75, 77.

Relação do Porto

RPt 21-Jan.-1982 (JÚLIO SANTOS), alteração de circunstâncias – 74.
RPt 17-Mar.-1983 (GAMA PRAZERES), alteração de circunstâncias – 74.
RPt 17-Jul.-1984 (PINTO FURTADO), anormalidade – 75.

Tribunal de Conflitos

TConfl. 11-Jan.-1990 (MENÉRES PIMENTEL), prestação de serviços administrativos – 42.

Tribunal arbitral

7-Jun.-1875, contrato celebrado pela Administração – 35.

JURISPRUDÊNCIA ESTRANGEIRA

Alemanha

Bundesverfassungsgericht

BVerfG 30-Jan.-1973, cláusula *rebus sic stantibus* nos contratos administrativos – 80.

Bundesverwaltungsgericht

BVerwG 30-Ago.-1961, tutela da confiança – 99.
BVerwG 11-Dez.-1963, tutela da confiança – 99.

Reichsgericht

RG 1-Jun.-1921, boa fé no processo – 96.
RG 28-Nov.-1923, alteração de circunstâncias – 57, 76.

Bundsgerichtshof

BGH 6-Jul.-1961, impossibilidade – 72.
BGH 12-Dez.-1963, reconstituição da vontade das partes – 73.
BGH 8-Fev.-1978, alteração de circunstâncias – 77.

França

Conseil d'État

ConsEt 30-Mar.-1916, imprevisão – 53, 84.
ConsEt 8-Mai.-1925, imprevisão – 84.
ConsEt 27-Mar.-1926, imprevisão – 84.
ConsEt 22-Jun.-1934, imprevisão – 84.
ConsEt 15-Jul.-1949, imprevisão – 84.

Cour de Cassation

CssFr 6-Mar.-1876, recusa da imprevisão civil – 52.

Itália

1ª Instância

Napoli, 16-Out.-1969, onerosidade excessiva – 54.

ÍNDICE ONOMÁSTICO

ABAS, PIET — 51.
ABREU, ANTÓNIO JOSÉ TEIXEIRA D' — 23.
ACHTERBERG, NORBERT — 18, 99.
AFRICANUS — 52.
ALEGRE, CIPRIANO SIMÕES — 37.
ALMEIDA, FERREIRA DE — 74.
ALMEIDA, MÁRIO AROSO DE — 45, 49.
AMARAL, DIOGO FREITAS DO — 23, 38, 40, 47, 48, 89, 101, 102.
ANDRADE, AFONSO — 76, 78.
ANDRADE, JOSÉ CARLOS VIEIRA DE — 48.
ANDRADE, MANUEL DE — 59.
ARN — 56.
ASCENSÃO, OLIVEIRA — 39.
ATHAYDE, AUGUSTO DE — 89, 90, 101.
AUBY, JEAN-MARIE — 34.

BACHOF — 98.
BADURA, PETER — 14, 17, 28.
BAENA, SANCHES DE — 36.
BARROS, ARAÚJO — 77.
BASTOS, RODRIGUES — 74.
BATTIS, ULRICH — 99.
BAUMANN, MARCEL — 97.
BECK-MANNAGETTA — 52.
BEKKER — 56.
BELCHIOR, JOÃO — 89.
BENDER, WOLFGANG — 51, 70.
BERGMANN, JAN — 105.
BERTHÉLEMY, H. — 34, 84.
BESSONE, MARIO — 54, 55.
BETTI — 59.
BEUTHIEN — 62.
BEVING, J. — 21.

BONK, HEINZ JOACHIM — 81, 82.
BORGS-MACIEJEWKI, HERMANN — 33, 82, 83.
BRANDÃO, PAIVA — 59.
BRECHT — 56.
BROCO, CRUZ — 75.
BROHM, WINFRIED — 28.
BROX — 62.
BULL, HANS PETER — 14, 16.
BULLINGER, MARTIN — 12, 13, 82.
BURDEAUX, FRANÇOIS — 12.
BURGI, MARTIN — 14.
BYDLINSKI, FRANZ — 12, 25.

CADILHA, CARLOS ALBERTO FERNANDES — 44.
CAEIRO, MIGUEL — 74.
CAETANO, MARCELLO — 23, 25, 36, 38, 59, 86, 89, 90, 101, 102.
CAMPOS, ABEL DE — 77.
CANARIS, CLAUS-WILHELM — 70, 93.
CANOTILHO, JOSÉ JOAQUIM GOMES — 99.
CARNEIRO, MANUEL BORGES — 20.
CARVALHO, OLIVEIRA — 74.
CARVALHO, ORLANDO DE — 47.
CARVALHO, SANTOS — 74.
CASANOVA, SALAZAR — 75.
CENTELEGHE, F. — 55.
CHAPUS, RENÉ — 34.
CHIOTELLIS, A. — 62, 64.
CIAN, GIORGIO — 55.
CICERO — 52.
CLOSSET, PIERRE — 84.
COELHO, J. G. PINTO — 59.
COELHO, VICTOR — 74.

Collaço, João Maria Tello de Magalhães – 35, 85-86.
Cordeiro, António Menezes – 39, 52, 53, 54, 55, 56, 57, 61, 62, 63, 64, 65, 67, 69, 70, 92, 93, 94, 95, 96, 97, 99, 100.
Correia, Afonso – 74.
Correia, José Manuel Sérvulo – 31, 39, 40, 43, 96.
Correia, Nunes – 36
Cosack – 56.
Crome – 56.
Cunha, Paulo – 23.

Dax, Günther – 99.
Devolvé, P. – 34.
Dias, Vítor Manuel Lopes – 38.
Dolde, Klaus-Peter – 82.
Dörner, Heinrich – 64.
Ducos-Ader, Robert – 34.

Eberhard, Harald – 9.
Efstratiou, Paul-Michel – 34, 80, 82, 84.
Ehlers, Dirk – 14, 17, 28.
Ehmann, Horst – 72.
Emmerich, Volker – 71, 72, 73.
Engisch, Karl – 69.
Enneccerus – 62.
Erichsen, Hans-Uwe – 14, 32, 81, 98, 99.
Esmein, Paul – 53.
Esser, Josef – 57, 62, 68.
Estorninho, Maria João – 10, 17, 23, 24, 28, 43, 46, 47, 89.

Faber, Heiko – 99.
Fabre, Régis – 53.
Faust, Florian – 71.
Fernandes, Fonseca – 41.
Fernandes, José António – 77,
Fernandes, Luís A. Carvalho – 23, 58, 59, 60.
Ferrara – 59.
Ferreira, Eduardo Paz – 47.
Ferreira, João Alves da Cruz – 37.
Fiedler, Wilfred – 80, 81.
Figueira, Reis – 74.
Figueiredo, Joaquim – 75.

Fikentscher, Wolfgang – 62, 64, 95.
Flume, Werner – 64, 68.
Fonseca, Dias da – 74.
Fonseca, Garcia da – 74.
Fonseca, Guilherme da – 39.
Forsthoff, Ernst – 98, 105.
Freire, Pascoal José de Melo – 18, 19.
Freitas, Justino António de – 22.
Frier, Pierre Laurent – 33, 34.
Fritz, Otto – 52.
Furtado, Pinto – 75.

Garcia, Maria da Glória Ferreira Pinto Dias – 22.
Gerke, Jürgen – 99.
Gern, Alfons – 18, 25.
Giboulot, Antoine – 52.
Gieg, Georg – 52, 55, 57.
Giers – 98.
Gierschmann – 98
Glück – 55.
Gomes, António – 36.
Gomes, Júlio – 66.
Gomes, Nascimento – 75, 78.
Gonçalves, Cunha – 59.
Gouveia, Alfredo Rocha de – 59.
Gowa, Ferdinand – 97.
Grotius, Hugo – 95.
Grüneberg, Christian – 70, 71.
Guedes, Armando Marques – 35, 47.
Guestin, Jacques – 53.
Gurlit, Eike – 32, 80, 81.

Haarmann, Wilhelm – 64.
Hässemeyer – 62.
Haueisen, Fritz – 99.
Hauriou, Maurice – 33, 34, 53, 84.
Heineccius, Johann Gottlieb (Heinecke) – 18.
Heinrichs – 58.
Henke, Wilhelm – 28.
Henkel, H. – 57.
Henneke, Hans-Günter – 32, 81, 82, 83.
Henriques, António Políbio Ferreira – 48, 102.
Hilger, Marie Luise – 66.

HIRSCH, GÜNTHER – 105.
HOFFMANN-RIEM, WOLFGANG – 12.
HOFMAN, HARALD – 99.
HORN, NORBERT – 67.
HÖRSTER, HEINRICH EWALD – 23.
HUBER, PETER – 71.
HÜBNER, HEINZ – 68.

IPSEN, JÖRN – 13, 25.

JELLINEK, WALTER – 97.
JÈZE, GASTON – 33, 34.

KALLWASS, WOLFGANG – 26.
KAUFMANN, ERICH – 56, 61.
KAUTZ, STEFFEN – 105.
KEGEL, GERHARD – 62, 63.
KELSEN, HANS – 12.
KENTRER, MARKUS – 105.
KIRAT, THIERRY – 112.
KISCH, WILHELM – 56.
KLEINEDAM, TEODOR – 56.
KLUNZINGER, EUGEN – 26.
KNACK, HANS JOACHIM – 32, 81, 82, 83.
KNIEPER, WERNER – 97.
KOCH, THORSTEN – 13, 25.
KÖHLER, HELMUT – 62, 64.
KOLLER, INGO – 64.
KRÜCKMANN – 61.
KRUSE, HEINRICH WILHELM – 98.
KUNTZE, STEFAN – 105.

LABAND, PAUL – 32.
LAFERRIÈRE, M. F. – 33.
LANDMANN – 98.
LANDSBERG – 56.
LANGE, M. – 62.
LARENZ, KARL – 14, 15, 18, 25, 29, 57, 58, 61, 62.
LAUBADÈRE, ANDRÉ – 34.
LAUBINGER, HANS-WERNER – 82.
LEBRETON, JEAN PIERRE – 34.
LEETZ, HELMUT – 56.
LEHMANN – 62.
LEIPOLD, DIETER – 18.
LEMBKE, GERD – 68.

LENEL, OTTO – 55.
LENZ, KARL-HEINZ – 98.
LIMA, PIRES DE – 23, 58.
LITTBARSKI, SIGURD – 80, 81.
LOCHER – 57, 61.
LOPES, RICARDO – 59.
LORENZ, DIETER – 80, 82.
LORENZ, STEPHEN – 72, 73.
LÖWISCH, MANFRED – 26.

MACHADO, BAPTISTA – 94.
MACHADO, JOÃO DE MELO – 37, 38.
MACHETE, RUI – 40, 44.
MACKELDEY, FERDINAND – 21.
MAGALHÃES, BARBOSA DE – 59.
MAGALHÃES, JOSÉ – 75.
MAIA, REIS – 59.
MAINKA, JOHANNES – 98.
MALGUEIRO, SERRA – 74, 77.
MANSON, STÉFANE – 34.
MARC, PIERRE SAINT – 84.
MARCOS, RUI MANUEL DE FIGUEIREDO – 18.
MARQUES, JOSÉ DIAS – 58.
MARTENS, WOLFGANG – 98, 99.
MARTINS, AFONSO D'OLIVEIRA – 9.
MARTINS, TEIXEIRA – 41.
MATEUS, MOREIRA – 75.
MATOS, ANDRÉ SALGADO DE – 22, 23, 29, 101, 102.
MATOS, OLIVEIRA – 42.
MATTERN, GERHARD – 98.
MAURER, HARTMUT – 14, 15, 16, 17, 29, 30.
MAYER, OTTO – 32.
MEDICUS, DIETER – 26, 58, 62.
MELO, PEDRO MANUEL PINHO DE GOUVEIA E – 48.
MENDES, JOÃO DE CASTRO – 23.
MENESES, MIGUEL PINTO DE – 18.
MERÊA, PAULO – 21.
MERK, WILHELM – 98.
MESSE, KONRAD – 99.
MESTRE, ACHILE – 84.
MEYER, HANS – 33, 82, 83.
MODERNE, F. – 34.
MONCADA, LUÍS CABRAL DE – 22, 59.
MONTEIRO, ANTÓNIO PINTO – 66.

MORAND-DEVILLER, JACQUELINE – 34.
MOREIRA, GUILHERME ALVES – 22, 59, 60.
MORENO, FERNANDO SAINZ – 98.

NERATIUS – 52.
NEUMANN, DANIELA – 26.
NEVES, ANTÓNIO CASTANHEIRA – 99.
NEVES, LOPES – 75.
NICKLICH, FRITZ – 66.
NIPPERDEY – 56.
NÓVOA, SAMPAIO DA – 41.

OERTMANN, MITTEIS – 56.
OERTMANN, PAUL – 57, 60, 61, 73, 75.
OLIVEIRA, JOSÉ MANUEL ALMEIDA SIMÕES DE – 90.
OLIVEIRA, MÁRIO ESTEVES DE – 39, 45, 101.
OLIVEIRA, RODRIGO ESTEVES DE – 45.
OPPENLÄNDER, FRANK – 82.
OSSENBÜHL, FRITZ – 14, 99.
OSTI, ROBERT FEENSTRA – 52.
OTERO, PAULO – 24, 25, 90.

PAIXÃO, SILVA – 49.
PAKEERUT, WOLACHET – 31, 32, 49.
PALANDT – 58, 70, 71.
PAPIER, HANS-JÜRGEN – 14.
PATO, DINIZ ANTÓNIO DE BULHÃO – 37.
PAWLOWSKI, HANS-MARTIN – 28.
PEDROSA, A. L. GUIMARÃES – 21, 22.
PEINE, FRANZ-JOSEPH – 99.
PEREIRA, GONÇALVES – 41.
PEREIRA, RAVI AFONSO – 23.
PERRIQUET, E. – 33.
PFAF, LEOPOLD – 52, 56.
PICOT, FRANÇOIS – 97.
PIMENTEL, MENÉRES – 42.
PLANIOL, MARCEL – 53.
POETZSCH-HEFFTER – 97.
POLYBIOS – 52.
PRAUN, THEODOR – 97.
PRAZERES, GAMA – 74.
PRETO, MANSO – 74.
PRETO, VALADAS – 41.
PROKSCH – 98.
PÜTTNER, GÜNTER – 15.

QUEIRÓ, AFONSO RODRIGUES – 23.

RABEL, ERNST – 63.
REINHARDT, GERD – 34.
RENCK, LUDWIG – 13, 29.
RESCIGNO, PIETRO – 54, 55.
RHODE, HEINZ – 57.
RIBEIRO, ALMEIDA – 78.
RIBEIRO, FERNANDO MOREIRA – 38.
RICHER, LAURENT – 33, 34.
RIEG, ALFRED – 53.
RIEHM, THOMAS – 72, 73.
RIPERT, GEORGES – 53.
RIVERO, JEAN – 34, 35, 85.
ROCHA, M. A. COELHO DA – 21.
ROLLAND, LOUIS – 34, 84.
ROPPO, ENZO – 55.
ROTH – 67.
ROTHOEFT, DIETRICH – 62, 64.
ROUVIÈRE, JEAN – 33, 34.
RUCK, ERWIN – 97.
RÜFNER, WOLFGANG – 14.
RÜTHERS, BERND – 18.

SACHS, MICHAEL – 81, 82.
SAMELI, KATHARINA – 97.
SANTOS, FREIRE DOS – 58.
SANTOS, JÚLIO – 74.
SAVIGNY, FRIEDRICH CARL VON – 25, 55.
SCHENKE, WOLF-RÜDIGER – 83.
SCHLETTE, VOLKER – 31-32, 49, 82.
SCHMIDT, DETLEF – 13, 14, 24, 25.
SCHMIDT, EIKE – 68.
SCHMIDT-RIMPLER, WALTER – 62, 65.
SCHMITT, KARL HERMANN – 97.
SCHMITTHENNER, FRIEDRICH – 31.
SCHROEDER – 56.
SCHULE, ADOLF – 97.
SCHWARZE, JÜRGEN – 105.
SCHWERDTNER, EBERHARD – 82.
SENECA – 52.
SERRA, VAZ – 58, 59, 60, 73.
SETHY, ANDREAS – 97.
SEYDEL, MAX – 31.
SIEMS, THOMAS – 82.
SILVA, ALEXANDRINO MELO E – 38.

SILVA, JORGE ANDRADE DA – 87, 88.
SILVA, PEREIRA DA – 49.
SILVA, VASCO PEREIRA DA – 24.
SILVEIRA, LUÍS LINGNAU – 58, 65.
SIMONS, LOTHAR – 32, 81.
SOARES, COSTA – 76,
SOUSA, ALMEIDA E – 75.
SOUSA, LOPES DE – 36.
SOUSA, MARCELO REBELO DE – 22, 23, 29, 101, 102.
SOUSA, RABINDRANATH CAPELO DE – 23.
SOUZA, MANOEL DE ALMEIDA E (LOBÃO) – 19.
STADLER, ASTRID – 18.
STAHL – 56.
STAMMLER, RUDOLF – 56.
STELCKENS, PAUL – 81, 82.
STERN, KLAUS – 32.
STICH, RULDOF FRANZ – 98.
STOLLEIS, MICHAEL – 12.
STÖTTER – 62.
SUTSCHET, HOLGER – 72.

TARTAGLIA – 55.
TAVARES, JOSÉ – 23.
TCHING, MARIA ROSA – 48.
TEIXEIRA, ANTÓNIO RIBEIRO DE LIZ – 20.
TELLES, INOCÊNCIO GALVÃO – 58, 62.
TELLES, J. H. CORRÊA – 20.
THIBAUT – 55.
TIPKE, KLAUS – 97, 98.
TITZE, HEINRICH – 56.
TORRES, MÁRIO – 42.
TRABUCCHI, ALBERTO – 55.

TREITEL – 56.
TRUTTER, JOSEF – 96.

ULE, CARL HERMANN – 82.
ULMER, PETER – 64.
ULPIANO – 11.

VARELA, JOÃO DE MATOS ANTUNES – 23, 58, 59, 60, 78.
VIANA, CLÁUDIA – 46.
VITAL, FÉZAS – 86.
VISCONDE DE SEABRA – 58, 59.
VOGEL, HANS – 98.

WÄCHTER – 55.
WALDECK, JO. – 18.
WALL, HEINRICH DE – 29.
WEBER, HERMANN – 30.
WEBER, WERNER – 62, 97.
WENDT – 56.
WESTEPHALEN, FRIEDRICH GRAF VON – 66.
WIEACKER – 64.
WIELING, HANS – 52, 66.
WILBURG, WALTER – 93.
WINDSCHEID, BERNHARD – 55, 57, 60, 61.
WINKLER, ROLF – 66.
WOLF, HEINRICH AMADEUS – 9, 98.
WOLF, MANFRED – 14, 15, 18, 25, 29, 57, 58.
WOLFF, HANS J. – 17.

ZOLLER – 98.
ZULEEG, MANFRED – 16.
ZWAHLEN, HENRI – 84, 85.

ÍNDICE BIBLIOGRÁFICO

ABAS, PIET – *Rebus sic stantibus/Eine Untersuchung zur Anwendung der clausula rebus sic stantibus in der Rechtsprechung einiger europäischer Länder*, 1993.
ABREU, ANTÓNIO JOSÉ TEIXEIRA D' – *Curso de Direito Civil*, vol. 1.º, *Introducção*, 1910.
ACHTERBERG, NORBERT – *Allgemeines Verwaltungsrecht/Ein Lehrbuch*, 2.ª ed., 1986.
AFRICANUS – D. 46.3.38 pr. e I.
ALEGRE, CIPRIANO SIMÕES – *Código Administrativo (Anotado)*, 1937.
ALMEIDA, MÁRIO AROSO DE – *Breve introdução à reforma do contencioso administrativo*, CJA 32 (2002), 3-10;
– *Implicações de Direito substantivo da reforma do contencioso administrativo*, CJA 2002, 69-79.
AMARAL, DIOGO FREITAS DO – *A utilização do domínio público pelos particulares*, 1965;
– *Direito administrativo*, 3.º vol., 1985;
– *Manual de Introdução ao Direito*, vol. I, com a colaboração de RAVI AFONSO PEREIRA, 2004;
– *vide* CAETANO, MARCELLO.
AMARAL DIOGO FREITAS DO, e outros – *Código do Procedimento Administrativo/Anotado*, 5.ª ed., 2006.
ANDRADE, JOSÉ CARLOS VIEIRA DE – *A justiça administrativa (Lições)*, 6.ª ed., 2004.
ANDRADE, MANUEL DE – *Teoria geral da relação jurídica*, 2, 1960.
ASCENSÃO, OLIVEIRA/CORDEIRO, MENEZES – *Das concessões das zonas de jogo*, na RDPúblico 1988, 51-100.
ATHAYDE, AUGUSTO DE – *Para uma teoria do contrato administrativo: limites e efeitos do exercício do poder de modificação unilateral pela Administração*, em *Estudos de Direito público em Honra do Professor Marcello Caetano* (1973), 71-106.
AUBY, JEAN-MARIE/DUCOS-ADER, ROBERT – *Droit administratif*, 2.ª ed., 1970.

BACHOF – *vide* WOLF.
BADURA, PETER – *vide* EHLERS, DIRK.
BAENA, SANCHES DE – *vide* CAETANO, MARCELLO.
BATTIS, ULRICH – *Allgemeines Verwaltungsrecht*, 2.ª ed., 1997.
BAUMANN, MARCEL – *Der Begriff von Treu und Glauben im öffentlichen Recht*, 1952.
BEKKER – *Pandekten*, 2, 1889.
BENDER, WOLFGANG – *Der Wegfall der Geschäftsgrundlage bei arbeitsrechtlichen Kollektivverträgen*, 2005.
BERGMANN, JAN – *vide* KUNTZE, STEFAN.
BERTHÉLEMY, H. – *Traité Élémentaire de Droit administratif*, 12.ª ed., 1930.

BESSONE, MARIO – *Presupposizione di eventi e circustanze dell'adempimento*, FP 20 (1971), 804-816;
— anotação desfavorável à sentença de 16-Out.-1969 do Tribunal de Nápoles, FP 20 (1971), 804-818;
— *Adempimento e rischio* contrattuale, reimp., 1975.
BEVING, J. – *vide* MACKELDEY, FERDINAND.
BONK, HEINZ JOACHIM – em PAUL STELCKENS/HEINZ JOACHIM BONK/MICHAEL SACHS, *Verwaltungsverfahrensgesetz/Kommentar*, 6.ª ed. (2001), §§ 54 ss..
BORGS-MACIEJEWKI, HERMANN – *vide* MEYER, HANS.
BRANDÃO, PAIVA – *Considerações sobre o problema da imprevisão*, Supl. 17 BFD (1944), 173-262.
BROHM, WINFRIED – *Städtebauliche Verträge zwischen privat- und öffentlichem Recht*, JZ 2000, 321-332.
BULL, HANS PETER – *Allgemeines Verwaltungsrecht/Ein Lehrbuch*, 6.ª ed., 2000.
BULLINGER, MARTIN – *Öffentliches Recht und Privatrecht/Studien über Sinn und Funktionen der Unterscheidung*, 1968;
— *Leistungsstörungen beim öffentlich-rechtlichen Vertrag/Zur Rechtslage nach den Verwaltungsverfahrensgesetzen*, DÖV 1977, 812-822;
— *Öffentliches Recht und Privatrecht in Geschichte und Gegenwart*, FS Rittner 1991, 69-71.
BURDEAUX, FRANÇOIS – *Histoire du droit administratif: de la Révolution au début des années 1970*, 1995.
BURGI, MARTIN – *vide* EHLERS, DIRK.
BYDLINSKI, FRANZ – *Kriterien und Sinn der Unterscheidung von Privatrecht und öffentlichen Recht*, AcP 194 (1994), 319-351.

CADILHA, CARLOS ALBERTO FERNANDES – *Contratos públicos: do Decreto-Lei n.º 134/98, de 15 de Maio à Plataforma do Contencioso Administrativo. Uma análise de jurisprudência*, SI LI (2002), n.º 292, 51-63.
CAETANO, MARCELLO – *Competência contenciosa em matéria de contratos administrativos*, O Direito 63 (1931), 194-198;
— *Direito administrativo*, por ANTÓNIO GOMES/LOPES DE SOUSA/NUNES CORREIA/SANCHES DE BAENA, Lições ao Curso do 2.º ano jurídico de 1933-1934;
— *Conceito de contrato administrativo*, O Direito 70 (1938), 3-11;
— *Manual de Direito administrativo*, 2.ª ed., 1947, 4.ª ed., 1957, 6.ª ed., 1965.
CAETANO, MARCELLO/AMARAL, DIOGO FREITAS DO – *Manual de Direito administrativo*, 10.ª ed., 1973.
CANARIS, CLAUS-WILHELM – *Die Vertrauenshaftung im Deutschen Privatrecht*, 2.ª ed., 1983.
CANOTILHO, JOSÉ JOAQUIM GOMES – *Constituição dirigente e vinculação do legislador*, 1982.
CARNEIRO, MANUEL BORGES – *Direito Civil de Portugal*, vol. 1.º, 1826.
CARVALHO, ORLANDO DE – *Contrato administrativo e acto jurídico público (Contributo para uma teoria do contrato administrativo)* (1949) = Escritos. Páginas de Direito 1 (1998), 165-246.
CENTELEGHE, F. – *Appunti in tema di presupposizione*, RNot 27 (1973), 293-298.
CHAPUS, RENÉ – *Droit administratif général*, 1, 15.ª ed., 2001.
CHIOTELLIS, A. – *Rechtsfolgenbestimmung bei Geschäftsgundlagenstörungen in Schuldverträgen*, 1981.
CIAN, GIORGIO/TRABUCCHI, ALBERTO – *Commentario breve al Codice Civile*, 4.ª ed., 1992.
CICERO – *De Officiis libri tres*, 1, 10 e 3, 25.
CLOSSET, PIERRE – anotação à decisão do Conselho de Estado de 27-Mar.-1926 (D 1927, 3, 22-23), D 1927, 3, 17-21.

COELHO, J. G. PINTO – *Das cláusulas acessórias dos negócios jurídicos*, 2, 1910.
COLLAÇO, JOÃO MARIA TELLO DE MAGALHÃES – *Concessões de serviços públicos/Sua natureza jurídica*, 1914, reimp., 1928.
Consulta à Revista de Legislação e de Jurisprudência, RLJ 16 (1883), 83-84.
CORDEIRO, ANTÓNIO MENEZES – *A situação jurídica laboral: perspectivas dogmáticas do Direito do Trabalho*, sep. ROA, 1982;
– *Da boa fé no Direito civil*, 1984, 2.ª reimp., 2001;
– *Da alteração das circunstâncias/A concretização do artigo 437.º do Código Civil, à luz da jurisprudência posterior a 1974*, separata dos *Estudos em Memória do Prof. Doutor Paulo Cunha*, 1987;
– *Teoria geral do Direito civil/Relatório*, separata da RFDUL, 1988, 14-16;
– *Teoria geral do Direito civil*, 1.º vol., 2.ª ed., 1989;
– *Manual de Direito do trabalho*, 1994, reimp.;
– *Convenções colectivas de trabalho e alterações das circunstâncias*, 1995;
– *Da modernização do Direito civil* 1, 2004;
– *Tratado de Direito civil* I/1, 2000, 3.ª ed., 2005;
– *Do Direito privado como Direito comum português*, O Direito 2005, 9-36, a publicar, com alterações, nos *Estudos em Homenagem ao Professor Doutor Ruy de Albuquerque*;
– *Manual de Direito bancário*, 3.ª ed., 2006;
– *vide* ASCENSÃO, OLIVEIRA.
CORREIA, JOSÉ MANUEL SÉRVULO – *Contrato administrativo*, sep. do DJAP, 1972;
– *Legalidade e autonomia contratual nos contratos administrativos*, 1987;
– *Direito do contencioso administrativo* 1, 2005.
CORREIA, NUNES – *vide* CAETANO, MARCELLO.

DAX, GÜNTHER – *Das Gleichbehandlungsgebot als Grundlage positiver subjectiv-öffentlicher Rechte*, 1969.
DEVOLVÉ, P. – *vide* LAUBADÈRE, ANDRÉ.
DIAS, VÍTOR MANUEL LOPES – *Cemitérios, jazigos e sepulturas*, 1963.
Diskussionsentwurf eines Schuldrechtsmodernisierungsgesetzes, em CLAUS-WILHELM CANARIS, *Schuldrechtsmodernisierung 2002* (2002), 3-347.
DOLDE, KLAUS-PETER – *vide* OPPENLÄNDER, FRANK.
DÖRNER, HEINRICH – *"Mängelhaftung" bei sperre des transferierten Fussballspielers?*, JuS 1977, 225-
-228.
DUCOS-ADER, ROBERT – *vide* AUBY, JEAN-MARIE.

EBERHARD, HARALD – *Der verwaltungsrechtliche Vertrag*, 2005.
EFSTRATIOU, PAUL-MICHEL – *Die Bestandskraft des öffentlich-rechtlichen Vertrages/Eine vergleichende Untersuchung zum griechischen, französischen und insbesondere deutschen Verwaltungsvertragsrecht*, 1988.
EHLERS, DIRK – em PETER BADURA/MARTIN BURGI/DIRK EHLERS/HANS-UWE ERICHSEN/
/FRITZ OSSENBÜHL/HANS-JÜRGEN PAPIER/WOLFGANG RÜFNER, *Allgemeines Verwaltungsrecht*, 12.ª ed., 2002.
EHMANN, HORST/SUTSCHET, HOLGER – *Modernisiertes Schuldrecht*, 2002.
EMMERICH, VOLKER – *Das Recht der Leistungsstörungen*, 5.ª ed., 2003.
ENGISCH, KARL – *Die Einheit der Rechtsordnung*, 1935.

ERICHSEN, HANS-UWE/MARTENS, WOLFGANG – *Allgemeines Verwaltungsrecht*, 5.ª ed., 1981, 7.ª ed., 1986, e 11.ª ed., 2002;
– *vide* EHLERS, DIRK.

ESMEIN, PAUL – *vide* PLANIOL, MARCEL.

ESSER – *Fortschritte und Grenzen der Theorie von der Geschäftsgrundlage bei Larenz*, JZ 1958, 113-116.

ESSER, JOSEF/SCHMIDT, EIKE – *Schuldrecht I – Allgemeiner Teil*, 6.ª ed., 1984.

ESTORNINHO, MARIA JOÃO – *Requiem pelo contrato administrativo*, 1990; uma primeira versão data de 1988;
– *A fuga para o Direito privado/Contributo para o estudo da actividade do Direito privado da Administração Pública*, 1996, reimp., 1999;
– *Contratos da administração pública (esboço de autonomização curricular)*, 1999;
– *A reforma de 2002 e o âmbito de jurisdição administrativa*, CJA 35 (2002), 3-8;
– *Direito europeu dos contratos públicos*, 2006.

FABER, HEIKO – *Verwaltungsrecht*, 4.ª ed., 1995.

FABRE, RÉGIS – *Les clauses d'adaptation des contrats*, RTDC 82 (1983), 1-40.

FAUST, FLORIAN – *vide* HUBER, PETER.

FERNANDES, LUÍS A. CARVALHO – *A teoria da imprevisão no direito civil português*, 1963;
– *Teoria geral do Direito civil*, I – *Introdução/Pressupostos da relação jurídica*, 3.ª ed., 2001.

FERREIRA, EDUARDO PAZ – *Da dívida pública e das garantias dos credores do Estado*, 1993.

FERREIRA, JOÃO ALVES DA CRUZ – *Do conceito de contrato administrativo e a sua principal característica*, 1940, dactil..

FIEDLER, WILFRED – *Zum Wirkungsbereich der clausula rebus sic stantibus im Verwaltungsrecht*, VerwArch 67 (1976), 125-155.

FIKENTSCHER, WOLFGANG – *Die Geschäftsgrundlage als Frage des Vertragsrisikos/dargestellt unter besonderer Berücksichtigung des Bauvertrages*, 1971;
– *De fide et perfidia/Der Treugedanke in den "Staatsparallelen" des Hugo Grotius aus heutiger Sicht*, 1979.

FLUME, WERNER – *Allgemeiner Teil des bürgerlichen Rechts*, II – *Das Rechtsgeschäft*, 4.ª ed., 1992.

FONSECA, GUILHERME DA – *A Constituição e a defesa dos administrados*, 1977.

FORSTHOFF, ERNST – *Verwaltungsrecht/Allgemeiner Teil*, 8.ª ed., 1961;
– *Lehrbuch des Verwaltungsrechts*, I – *Allgemeiner Teil*, 10.ª ed., 1973.

FREIRE, PASCOAL JOSÉ DE MELO – *Instituições de Direito Civil Português/tanto público como particular*, trad. Miguel Pinto de Meneses, BMJ 161 (1966), 89-200, 162 (1967), 31-139 (*Livro I – Direito Público*), 163 (1967), 5-123 e 164 (1967), 17-147 (*Livro II – Do Direito das Pessoas*), 165 (1967), 39-156 e 166 (1967), 45-180 (*Livro III – Dos Direitos das Coisas*) e 168 (1967), 27-165, 170 (1967), 89-134 e 171 (1967), 69-168 (*Livro IV – Das Obrigações e Acções*);
– *História do Direito Civil Português*, idem, BMJ 173 (1968), 45-108, 174 (1968), 5-60 e 175 (1968), 45-108, 174 (1968), 5-60 e 175 (1968), 45-109.

FREITAS, JUSTINO ANTÓNIO DE – *Instituições de Direito Administrativo Portuguez*, 2.ª ed., 1861; 1.ª ed., 1857.

FRIER, PIERRE LAURENT – *Précis de droit administratif*, 2001.

GARCIA, MARIA DA GLÓRIA FERREIRA PINTO DIAS – *Da justiça administrativa em Portugal. Sua origem e evolução*, 1993.

GERKE, JÜRGEN – *vide* HOFMAN, HARALD.
GERN, ALFONS – *Neuansatz der Unterscheidung des öffentlichen Rechts vom Privatrecht*, ZRP 1985, 56-61.
GIBOULOT, ANTOINE – anotação à sentença de Cassação francesa de 6-Mar.-1876 (D 1876, I, 193-197), S 1876, I, 161-163.
GIEG, GEORG – *Der tacita conditione rebus sic stantibus/Ein Beitrag zur Dogmengeschichte von clausula rebus sic stantibus und Geschäftsgrundlage*, 1992.
GIERS – *vide* LANDMANN.
GIERSCHMANN/ZOLLER – *Die Grundlagen des deutschen Steuerrechts*, 1959.
GLÜCK – *Pandekten*, 4.ª ed. (1796), § 316.
GOMES, ANTÓNIO – *vide* CAETANO, MARCELLO.
GONÇALVES, CUNHA – *Tratado de Direito Civil*, 4.º vol., 1931.
GOUVEIA, ALFREDO ROCHA DE – *Do instituto da superveniência ou teoria da imprevisão nos contratos civis*, 1956-57, dact. = *Da teoria da imprevisão nos contratos civis*, Sep. RFDUL, 1958.
GOWA, FERDINAND – *Die Rechtsnorm von Treu und Glauben im Verwaltungsrecht*, 1933.
GROTIUS, HUGO – *Parallelon rerum publicarum liber tertius*, 1601 ou 1602.
GRÜNEBERG, CHRISTIAN – no PALANDT, *BGB*, 66.ª ed., 2007.
GUEDES, ARMANDO MARQUES – *A concessão (Estudo de Direito, ciência e política administrativa)*, 1954;
– *Os contratos administrativos*, RFDUL XXXII (1991), 9-27.
GUESTIN, JACQUES – *Traité de Droit Civil/Les obligations/Le contrat* (1980), n.º 148.
GURLIT, EIKE – *Verwaltungsvertrag und Gesetz/Eine vergleichende Untersuchung zum Verhältnis von vertraglicher Bindung und staatlicher Normsetzungsautorität*, 2000.

HAARMANN, WILHELM – *Wegfall der Geschäftgrundlage bei Dauerrechtsverhältnissen*, 1979.
HAUEISEN, FRITZ – *Zum Problem des Vertrauenschutzes im Verwaltungsrecht*, DVBl 1964, 710--721.
HAURIOU, MAURICE – *Précis élémentaire de droit administratif et de droit public*, 8.ª ed., 1914, 10.ª ed., 1921;
– anotação à decisão do Conselho de Estado, de 30-Mar.-1916 (D 1916, 3, 25-33), S 1916, 3, 18-28.
HEINECCIUS, JOHANN GOTTLIEB (HEINECKE) – *Institutiones juris civilis*, sucessivamente reeditado em Coimbra; assim, na ed. de JO. WALDECK, 1814, reed. 1887.
HEINRICHS – *vide* PALANDT.
HENKE, WILHELM – *Wandel der Dogmatik des öffentlichen Rechts*, JZ 1992, 541-548.
HENKEL, H. – *Zumutbarkeit und Unzumutbarkeit als regulatives Rechtsprinzip*, FS E. Mezger (1954), 249-309.
HENNEKE, HANS-GÜNTER – em HANS JOACHIM KNACK e outros (org.), *Verwaltungsverfahrensgesetz (VwVfG)/Kommentar*, 8.ª ed. (2004), prenot § 54.
HILGER, MARIE LUISE – *Vertragsauslegung und Wegfall der Geschäftsgrundlage im betrieblich-kollektiven Bereich*, FS. Larenz/80. (1983), 241-255.
HIRSCH, GÜNTHER – recensão a JÜRGEN SCHWARZE, *Europäisches Verwaltungsrecht/Entstehung und Entwicklung im Rahmen der Europäischen Gemeinschaft*, 2.ª ed., 2005, NJW 2005, 2666--2667.
HOFFMANN-RIEM, WOLFGANG – *Modernisierung von Recht und Justiz/Eine Herausforderung des Gewährleistungstaates*, 2001.

HOFMAN, HARALD/GERKE, JÜRGEN – *Allgemeines Verwaltungsrecht*, 6.ª ed., 1994.
HORN, NORBERT – *Neuverhandlungspflicht*, AcP 181 (1981), 255-288.
HÖRSTER, HEINRICH EWALD – *A parte geral do Código Civil português/Teoria geral do Direito civil*, 1992.
HUBER, PETER/FAUST, FLORIAN – *Schuldrechtsmodernisierung*, 2002.
HÜBNER, HEINZ – *Allgemeiner Teil des Bürgerlichen Gesetzbuches*, 1985.

IPSEN, JÖRN/KOCH, THORSTEN – *Öffentliches Recht und Privatrecht/Abgrenzungsprobleme bei der Benutzung öffentlicher Einrichtungen*, JuS 1992, 809-816.
JELLINEK, WALTER – *Treu und Glauben im Verwaltungsrecht*, RVerwBP 52 (1931), 805-809.
JÈZE, GASTON – *Les contrats administratifs*, 1927;
– *Les contrats administratifs de l'État, des départements, des communes et des établissements publics*, 3 volumes, 1927-1934.

KALLWASS, WOLFGANG – *Privatrecht/Ein Basisbuch*, 17.ª ed., 2004.
KAUFMANN, ERICH – *Das Wesen des Völkerrechts und die clausula rebus sic stantibus*, 1911.
KAUTZ, STEFFEN – *Absprachen im Verwaltungsrecht/Zulässigkeit, Grenzen und Folgen*, 2002.
KEGEL, GERHARD – *Empfiehlt es sich den Einfluss grundlegender Veränderungen des Wirtschaftslebens auf Verträge gesetzlich zu regeln und in welchem Sinn?* em Gutachten für den 40. DJT (1953), I, 137-236.
KELSEN, HANS – *Zur Lehre vom öffentlichen Rechtsgeschäft*, AöR 31 (1913), 53-98 e 190-249.
KENTRER, MARKUS – *vide* KUNTZE, STEFAN.
KIRAT, THIERRY – *Économie et droit du contrat administratif*, 2005.
KISCH, WILHELM – *Die Wirkungen der nachtraglich eintretenden Unmöglichkeit der Erfüllung bei gegenseitigen Verträgen*, 1900.
KLEINEDAM, TEODOR – *Unmöglichkeit und Unvermögen nach dem Bürgerlichen Gesetzbuch für das Deutsche Reich*, 1900.
KLUNZINGER, EUGEN – *Einführung in das bürgerliche Recht*, 12.ª ed., 2004.
KNACK, HANS JOACHIM – *vide* HENNEKE, HANS-GÜNTER.
KNIEPER, WERNER – *Treu und Glauben im Verwaltungsrecht*, 1933.
KOCH, THORSTEN – *vide* IPSEN, JÖRN.
KÖHLER, HELMUT – *Unmöglichkeit und Geschäftsgrundlage bei Zweckstörungen im Schuldverhältnis* (1971), 162-163;
– *BGB/Allgemeiner Teil*, 28.ª ed., 2004.
KOLLER, INGO – *Die Risikozurechnung bei Vertragsstörungen in Austauschverträgen*, 1979.
KRUSE, HEINRICH WILHELM – *An der Grenzen von Treu und Glauben*, StuW 35 (1958), 719-738;
– *Steuerrecht I – Allgemeiner Teil/Ein Studienbuch*, 3.ª ed., 1977.
KUNTZE, STEFAN – *Allgemeines Verwaltungsrecht*, em JAN BERGMANN/MARKUS KENTRER, *Deutsches Verwaltungsrecht unter europäischen Einfluss* (2002), 135-162.

LABAND, PAUL – *Das Staatsrecht des Deutschen Reiches* 1, 5.ª ed., 1911.
LAFERRIÈRE, M. F. – *Cours de droit public et administratif*, 4.ª ed., 2 volumes, 1854.
LANDMANN/GIERS/PROKSCH – *Allgemeines Verwaltungsrecht*, 4.ª ed., 1969, e 10.ª ed., 1973.
LARENZ, KARL – *Zum Wegfall der Geschäftsgrundlage*, NJW 1952, 361-363;
– *Geschäftsgrundlage und Vertragserfüllung*, 3.ª ed., 1963;

- *Lehrbuch des Schuldrechts* I – *Allgemeiner Teil*, 14.ª ed., 1987;
- *Allgemeiner Teil des Bürgerlichen Rechts*, 7.ª ed., 1989.

LARENZ, KARL/WOLF, MANFRED – *Allgemeiner Teil des Bürgerlichen Rechts*, 9.ª ed., 2004.

LAUBADÈRE, ANDRÉ/MODERNE, F./DEVOLVÉ, P. – *Traité des contrats administratifs*, 2 volumes, 2.ª ed., 1983-1984.

LAUBINGER, HANS-WERNER – *vide* ULE, CARL HERMANN.

LEBRETON, JEAN PIERRE/MANSON, STÉFANE – *Le contrat administratif*, 1999.

LEETZ, HELMUT – *Die clausula rebus sic stantibus bei Lieferungsverträgen* (1919), § 10 ss..

LEIPOLD, DIETER – *BGB I/Einführung und Allgemeiner Teil*, 3.ª ed., 2004.

LEMBKE, GERD – *Vorhersehbarkeit und Geschäftsgrundlage*, 1991.

LENEL, OTTO – *Nochmals die Lehre von der Voraussetzung*, AcP 79 (1892), 49-107;
- *Die Lehre von der Voraussetzung*, AcP 74 (1889), 213-239.

LENZ, KARL-HEINZ – *Das Vertrauenschutz-Prinzip*, 1968.

LIMA, PIRES DE/VARELA, ANTUNES – *Noções fundamentais de direito civil*, I, 6.ª ed., 1973, reimp..

LITTBARSKI, SIGURD – *Der Wegfall der Geschäftsgrundlage im öffentlichen Recht/Zugleich ein Beitrag zur Auslegung des § 60 I VwVfG*, 1982.

LOCHER – *Geschäftsgrundlage und Geschäftszweck*, 1923.

LOPES, RICARDO – *A imprevisão nas relações contratuais*, SI I (1951), 33-41.

LORENZ, DIETER – *Der Wegfall der Geschäftsgrundlage beim verwaltungsrechtlichen Vertrag*, DVBl 97, 865-873.

LORENZ, STEPHEN/RIEHM, THOMAS – *Lehrbuch zum neuen Schuldrecht*, 2002.

LÖWISCH, MANFRED/NEUMANN, DANIELA – *Allgemeiner Teil des BGB/Einführung und Rechtsgeschäftslehre*, 7.ª ed., 2004.

MACHADO, BAPTISTA – *Tutela da confiança e "venire contra factum proprium"*, RLJ 117 (1984) = *Obra dispersa*, vol. I (1991), 345-423.

MACHADO, JOÃO DE MELO – *Teoria jurídica do contrato administrativo*, 1937.

MACHETE, RUI – *Código do procedimento administrativo e legislação complementar* (1992) = *Estudos de Direito Público* (2004), 27-41;
- *O Direito administrativo português no último quartel do século XX e nos primeiros anos do século XXI* (2003) = *Estudos de Direito Público* (2004), 279-298.

MACKELDEY, FERDINAND – *Manuel de Droit Romain, contenant la théorie des Institutes, précédée d'une Introduction a l'Étude du Droit Romain*, 3.ª ed., trad. J. BEVING, 1846.

MAGALHÃES, BARBOSA DE – *A teoria da imprevisão e o conteúdo clássico da força maior*, GRLx 37 (1923), 129-131.

MAIA, REIS – *Direito geral das obrigações*, 1926.

MAINKA, JOHANNES – *Vertrauenschutz im öffentlichen Recht*, 1963.

MANSON, STÉFANE – *vide* LEBRETON, JEAN PIERRE.

MARC, PIERRE SAINT – *De l'imprévision dans les contrats administratifs*, 1918.

MARCOS, RUI MANUEL DE FIGUEIREDO – *História da Administração Pública/Relatório*, 2006.

MARQUES, JOSÉ DIAS – *Teoria geral do Direito civil*, II, 1959.

MARTENS, WOLFGANG – *vide* ERICHSEN, HANS-UWE.

MARTINS, AFONSO D'OLIVEIRA – *Para um conceito de contrato público*, Estudos em Homenagem ao Professor Doutor Inocêncio Galvão Telles, V – *Direito público e vária* (2003), 477-493.

MATOS, ANDRÉ SALGADO DE – *vide* SOUSA, MARCELO REBELO DE.

MATTERN, GERHARD – *Treu und Glauben im Steuerrecht*, 1958;
– *Steuerrecht und Steuermoral*, StuW 35 (1958), 257-258.
MAURER, HARTMUT – *Allgemeines Verwaltungsrecht*, 13.ª ed., 2000.
MAYER, OTTO – *Zur Lehre vom offentliche-rechtlichen Vertrage*, AöR 3 (1888), 1-86 = *Kleine Schriften zum öffentlichen Recht*, 1 (1981), 3-61.
MEDICUS, DIETER – *Allgemeiner Teil des BGB*, 9.ª ed., 2006.
MENDES, JOÃO DE CASTRO – *Direito civil (Teoria geral)*, 1.º vol., 1967.
MENESES, MIGUEL PINTO DE – *vide* FREIRE, PASCOAL JOSÉ DE MELO.
MERÊA, PAULO – *Como nasceu a Faculdade de Direito*, BFD Supl. XV/Homenagem ao Doutor José Alberto dos Reis, I (1961), 151-168.
MERK, WILHELM – *Deutsches Verwaltungsrecht* II, 1970.
MESSE, KONRAD – *Der Gleichheitsgrundsatz im Staatsrecht*, AöR 77 (1951/52), 167-224.
MESTRE, ACHILE – anotação à decisão do Conselho de Estado, de 15-Jul.-1949, S 1950, 3, 62-63.
MEYER, HANS – em HANS MEYER/HERMANN BORGS-MACIEJEWKI, *Verwaltungsverfahrengesetz*, 2.ª ed. (1982), § 54.
MEYER, HANS/BORGS-MACIEJEWSKI, HERMANN – *Verwaltungsverfahrensgesetz*, 2.ª ed., 1982.
MODERNE, F. – *vide* LAUBADÈRE, ANDRÉ.
MONCADA, LUÍS CABRAL DE – *Lições de Direito Civil*, 1.º vol., 3.ª ed., 1959 e 4.ª ed. póstuma, 1995.
MORAND-DEVILLER, JACQUELINE – *Cours de droit administratif*, 8.ª ed., 2003.
MOREIRA, GUILHERME ALVES – *Instituições de Direito Civil português*, 1.º vol., 1907.
MORENO, FERNANDO SAINZ – *La buena fe en las relaciones de la administración con los administrados*, RAP 89 (1979), 293-314.

NERATIUS – D. 12.4.8.
NEUMANN, DANIELA – *vide* LÖWISCH, MANFRED.
NEVES, ANTÓNIO CASTANHEIRA – *O instituto dos "assentos" e a função jurídica dos supremos tribunais*, 1983.
NICKLICH, FRITZ – *Ergänzende Vertragsauslegung und Geschäftsgrundlage – ein einheithiches Rechtsinstitut zur Lückenausfüllung?*, BB 1980, 949-953.
NIPPERDEY – *Vertragstreue und Nichtzumutbarkeit der Leistung*, 1912.

OERTMANN, PAUL – *Die Geschäftsgrundlage/Ein neuer Rechtsbegriff*, 1921;
– *Geschäftsgrundlage*, HWB/RW 2 (1927), 803-806.
OLIVEIRA, MÁRIO ESTEVES DE – *Direito administrativo* 1, 1980;
– *Contrato administrativo*, Enc. Pólis 1 (1983), 1246-1256.
OLIVEIRA, MÁRIO ESTEVES DE/OLIVEIRA, RODRIGO ESTEVES DE – *Código de Processo nos Tribunais Administrativos* – volume I – *Estatuto dos Tribunais Administrativos e Fiscais*, 2004.
OLIVEIRA, RODRIGO ESTEVES DE – *vide* OLIVEIRA, MÁRIO ESTEVES DE.
OPPENLÄNDER, FRANK/DOLDE, KLAUS-PETER – *Answirkung veränderter Verhältnisse auf den Zweckverband als Freiverband*, DVBl 1995, 637-644.
OSSENBÜHL, FRITZ – *Vertrauenschutz im sozialen Rechtsstaat*, DÖV 1972, 25-36;
– *vide* EHLERS, DIRK.
OTERO, PAULO – *Estabilidade contratual, modificação unilateral e equilíbrio financeiro em contrato de empreitada de obras públicas*, ROA 1989, 913-959;
– *Legalidade e Administração Pública/O sentido da vinculação administrativa à juridicidade*, 2003.

PAKEERUT, WOLACHET – *Die Entwicklung der Dogmatik des verwaltungsrechtlichen Vertrages*, 2000.
PALANDT/HEINRICHS – *BGB*, 66.ª ed. (2007), § 313.
PAPIER, HANS-JÜRGEN – *vide* EHLERS, DIRK.
PATO, DINIZ ANTÓNIO DE BULHÃO – *Dos "contratos administrativos" concessões de serviço público*, 1937, dactil..
PAWLOWSKI, HANS-MARTIN – *Allgemeiner Teil des BGB/Grundlehren des bürgerlichen Rechts*, 6.ª ed., 2000.
PEDROSA, A. L. GUIMARÃES – *Curso de Sciencia da Administração e Direito Administrativo/Introducção e parte geral (com um appendice sobre contencioso administrativo)*, 1.ª ed., 1904;
– *Curso de Ciência da Administração e Direito Administrativo/I – Introdução e parte I (Parte geral)*, 2.ª ed., 1908, e *Parte II*, 1909.
PEINE, FRANZ-JOSEPH – *Allgemeines Verwaltungsrecht*, 4.ª ed., 1998.
PEREIRA, RAVI AFONSO – *vide* AMARAL, DIOGO FREITAS DO.
PERRIQUET, E. – *Contrats de l'État et travaux publics*, I – *Contrats de l'État*, 2.ª ed., 1890.
PICOT, FRANÇOIS – *La bonne foi en droit public*, SchJV 111 (1977), 119-197.
PLANIOL, MARCEL/RIPERT, GEORGES/ESMEIN, PAUL – *Traité pratique de Droit Civil français*, VI – *Les obligations*, 2.ª ed., 1952.
POETZSCH-HEFFTER – *"Treu und Glauben" und "gute Sitten" im öffentlichen Recht*, DJZ 38 (1933), 739-743.
POLYBIOS – *Historiae*, 9, 37.
PRAUN, THEODOR – *Treu und Glauben in der Verwaltungsrechtsprechung*, 1933.
PROKSCH – *vide* LANDMANN.
PÜTTNER, GÜNTER – *Allgemeines Verwaltungsrecht*, 5.ª ed., 1979.

QUEIRÓ, AFONSO RODRIGUES – *Lições de Direito administrativo*, vol. I, 1976.

RABEL, ERNST – *Das Recht des Warenkaufs*, I, 1936, reimp. 1964.
REINHARDT, GERD – *Der offentlich-rechtliche Vertrag im deutschen und französischen Recht/eine rechtsvergleichende Betrachtung*, VerwArch 55 (1964), 151-174 e 210-263.
RENCK, LUDWIG – *Über die Unterscheidung zwischen öffentlichem und privatem Recht*, JuS 1986, 268-272.
RESCIGNO, PIETRO (org.) – *Codice civile*, 1, 6.ª ed., 2006.
RHODE, HEINZ – *Die beiderseitige Voraussetzung als Vertragsinhalt*, AcP 124 (1925), 257-322.
RIBEIRO, FERNANDO MOREIRA – *O contencioso dos contratos administrativos*, 1943, dactil..
RICHER, LAURENT – *Droit des contrats administratifs*, 1995.
RIEG, ALFRED – *Contrats et obligations/force obligatoire des conventions*, JCl/Civ, art. 1134, Fasc. II, 1977, n.º 39.
RIEHM, THOMAS – *vide* LORENZ, STEPHEN.
RIPERT, GEORGES – *vide* PLANIOL, MARCEL.
RIVERO, JEAN – *Droit administratif*, 4.ª ed., 1969.
ROCHA, M. A. COELHO DA – *Instituições de Direito Civil Portuguez*, 8.ª ed. póstuma, 1917 = 3.ª ed., 1846.
ROLLAND, LOUIS – *Précis de Droit administratif*, 4.ª ed., 1932.
ROPPO, ENZO – *Orientamenti tradizionali e tendenze recenti in tema di "presupposizione"*, GI 124 (1972), 211-222.

ROTH – *Der Zivilprozess zwischen Rechtsklärung und Rechtschöpfung*, FS Habscheid (1989), 253--263.

ROTHOEFT, DIETRICH – *Risikoverteilung bei privatautonomen Handeln* AcP 170 (1970), 230-244.

ROUVIÈRE, JEAN – *Les contrats administratifs/Leurs caractères distintifs d'après la jurisprudence*, 1930.

RUCK, ERWIN – *Treu und Glauben in der öffentlichen Verwaltung*, FS Simonius (1955), 341-350.

RÜFNER, WOLFGANG – *vide* EHLERS, DIRK.

RÜTHERS, BERND/STADLER, ASTRID – *Allgemeiner Teil des BGB*, 13.ª ed., 2003.

SACHS, MICHAEL – *vide* BONK, HEINZ JOACHIM.

SAMELI, KATHARINA – *Treu und Glauben im öffentlichen Recht*, 1977.

SANTOS, FREIRE DOS – *A teoria da imprevisão no direito privado*, ROA 10 (1950), 244-276.

SAVIGNY, FRIEDRICH CARL VON – *System des heutigen römischen Rechts*, 1, 1840, reimp. 1981.

SCHENKE, WOLF-RÜDIGER – *Der rechtwidrige Verwaltungsvertrag nach dem VwVfG*, JuS 1977, 281-292.

SCHLETTE, VOLKER – *Die Verwaltung als Vertragspartner*, 2000.

SCHMIDT, EIKE – *vide* ESSER, JOSEF.

SCHMIDT, DETLEF – *Die Unterscheidung von privatem und öffentlichem Recht*, 1985.

SCHMIDT-RIMPLER, WALTER – *Zum Problem der Geschäftsgrundlage*, FS Nipperdey (1955), 1-30.

SCHMITT, KARL HERMANN – *Treu und Glauben im Verwaltungsrecht/Zugleich ein Beitrag zur juristischen Methodenlehre*, 1935.

SCHMITTHENNER, FRIEDRICH – *Grundlinien des allgemeinen oder idealen Staatsrechtes*, 1845.

SCHULE, ADOLF – *Treu und Glauben im deutschen Verwaltungsrecht*, VwA 38 (1933), 399-436 e 39 (1934), 1-41.

SCHWARZE, JÜRGEN – *Europäisches Verwaltungsrecht/Entstehung und Entwicklung im Rahmen der Europäischen Gemeinschaft*, 2.ª ed., 2005;
– *vide* HIRSCH, GÜNTHER.

SCHWERDTNER, EBERHARD – *Verwaltungsverträge im Spannungsfeld unbedingter Vertragsbindung und dem Interesse auf Vertragsanfassung bei unveränderter Sachlage/Anmerkungen zur "clausula rebus sic stantibus" im Verwaltungsrecht*, VBlBW 1998, 9-11.

SENECA – *De beneficiis*, 4, 35, 2.

SERRA, VAZ – *Caso fortuito ou de força maior e teoria da imprevisão*, BFD 10 (1929), 197-215;
– *Resolução ou modificação dos contratos por alteração das circunstâncias*, sep. BMJ 68, 1957.

SETHY, ANDREAS – *Ermessen und unbestimmte Gesetzesbegriff*, 1973.

SEYDEL, MAX – *Grundzüge einer allgemeiner Staatslehre*, 1873.

SIEMS, THOMAS – *Städtebauliche Verträge in Deutschland und den USA*, 2004.

SILVA, ALEXANDRINO MELO E – *Contratos administrativos: a competência contenciosa*, 1943, dactil..

SILVA, JORGE ANDRADE DA – *Regime jurídico das empreitadas de obras públicas/Anotado e comentado*, 1987;
– *Regime jurídico das empreitadas de obras públicas*, 5.ª ed., 1997, 7.ª ed., 2001.

SILVA, VASCO PEREIRA DA – *Em busca do acto administrativo perdido*, 2003, reimp. ed. 1995.

SILVEIRA, LUÍS LINGNAU – *A teoria da imprevisão*, 1962.

SIMONS, LOTHAR – *Leistungsstörungen verwaltungsrechtlicher Schuldverhältnisses*, 1967.

SOUSA, LOPES DE – *vide* CAETANO, MARCELLO.

SOUSA, MARCELO REBELO DE – *O concurso público na formação do contrato administrativo*, 1994.

SOUSA, MARCELO REBELO DE/MATOS, ANDRÉ SALGADO DE – *Direito Administrativo Geral – I – Introdução e princípios fundamentais*, 2004 e 2.ª ed., 2006.

SOUSA, RABINDRANATH CAPELO DE – *Teoria geral do Direito civil*, vol. I, 2003.
SOUZA, MANOEL DE ALMEIDA E – *Notas de uso pratico, e criticas: addições, illustrações, e remissões. (Á imitação das de Muler a Struvio) Sobre todos os Titulos, e todos os §§. do Liv. primeiro das Instituições do Direito Civil Lusitano do Doutor Paschoal José de Mello Freire*, Parte I, 1816.
STADLER, ASTRID – *vide* RÜTHERS, BERND.
STAHL – *Die Sog. clausula rebus sic stantibus*, 1909.
STAMMLER, RUDOLF – *Die Lehre von dem richtigen Rechte*, 2.ª ed., 1964, reimp.;
– *Das Recht der Schuldverhältnisse*, 1897.
STELCKENS, PAUL – *vide* BONK, HEINZ JOACHIM.
STELCKENS/BONK/SACHS – *Verwaltungsverfahrensgesetz/Kommentar*, 6.ª ed. (2001), § 60.
STERN, KLAUS – *Zur Grundlegung eine Lehre des offentliche-rechtlichen Vertrages*,VerwArch 49 (1958), 106-177.
STICH, RULDOF FRANZ – *Vertrauensschutz im Verwaltungsrecht*, 1954.
STOLLEIS, MICHAEL – *Geschichte des öffentlichen Rechts in Deutschland*, I – *Reichpublizistik und Poliseywissenschaft 1600-1800* (1988), II – *Staatsrechtlehre und Verwaltungswissenschaft 1800--1914* (1942) e III – *Status- und Verwaltungswissenschaft in Republik und Diktatur 1914-1945*, 1999.
SUTSCHET, HOLGER – *vide* EHMANN, HORST.

TARTAGLIA – *Onerosità eccesiva*, ED XXX (1980), 155-175.
TAVARES, JOSÉ – *Os princípios fundamentais do Direito civil*, vol. 1, Primeira parte: Teoria geral do Direito civil, 2.ª ed., 1929.
TEIXEIRA, ANTÓNIO RIBEIRO DE LIZ – *Curso de Direito Civil Portuguez ou commentario às instituições do Sr. Paschoal de Mello Freire sobre o mesmo Direito*, vol. I, 1.ª ed., 1845, 2.ª ed., 1848, 3.ª ed., 1856.
TELLES, INOCÊNCIO GALVÃO – *Manual dos contratos em geral*, 3.ª ed., 1966.
TELLES, J. H. CORRÊA – *Digesto Portuguez ou tratado dos direitos e obrigações civis accomodado ás leis e costumes da Nação Portugueza para servir de subsidio ao "Novo Codigo Civil"*, 1909 = 3.ª ed., 1849.
THIBAUT – *System des Pandektensrechts* I (1805), §§ 155-158.
TIPKE, KLAUS – *Gesetzmässigkeit der Verwaltung und Treu und Glauben*, StuW 35 (1958), 737-752;
– *Steuerrecht/Ein systematischer Grundriss*, 9.ª ed., 1983.
TITZE, HEINRICH – *Die Unmöglichkeit der Leistung nach deutschem bürgerlichem Recht*, 1900.
TRABUCCHI, ALBERTO – *vide* CIAN, GIORGIO.
TRUTTER, JOSEF – *Bona fides in Civilprozess/Ein Beitrag zur Lehre von der Herstellung der Urteilsgrunde)*, 1982, reimp. 1972.

ULE, CARL HERMANN/LAUBINGER, HANS-WERNER – *Verwaltungsverfahrens-recht*, 4.ª ed., 1995.
ULMER, PETER – *Wirtschaftslenkung und Vertragserfüllung*, AcP 174 (1974), 167-201.

VARELA, JOÃO DE MATOS ANTUNES – *Noções fundamentais de Direito civil/Lições do Prof. Dr. Pires de Lima ao Curso do 1.º Ano Jurídico de 1944-45*, vol. I, 1945;
– *Ineficácia do testamento e vontade conjectural do testador*, 1950.
– *vide* LIMA, PIRES DE.

VIANA, CLÁUDIA – Recentíssima alteração do contencioso relativo à formação dos contratos públicos, CJA 37 (2003), 3-12.

VITAL, FÉZAS – A teoria da imprevisão e as concessões de serviços públicos na jurisprudência do Conselho de Estado francês, RLJ 62 (1929), 65-66, 81-82, 97-98, 113-115 e 130-136.

VOGEL, HANS – Treu und Glauben im Steuer- und Zollrecht, 1960.

WÄCHTER – Pandekten I (1880), 84, Blg. III, 2, 439-440.

WALDECK, JO. – vide HEINECCIUS, JOHANN GOTTLIEB (HEINECKE).

WALL, HEINRICH DE – Die Anwendbarkeit privatrechtlicher Vorschriften im Verwaltungsrecht, 1999.

WEBER, HERMANN – Beitragsrückgewähr nach irrtümlich angenommener Mitgliedschaft in Zwangsverbänden – OVG Hamburg, MDR 1968, 1036, JuS 1970, 169-175.

WEBER, WERNER – Grundsatz von Treu und Glauben im Verwaltungsrecht, ZAkDR 7 (1940), 223--224.

WIELING, HANS – Entwicklung und Dogmatik der Lehre von der Geschäftsgrundlage, Jura 1985, 505-511.

WILBURG, WALTER – Entwicklung eines beweglichen Systems im bürgerlichen Recht, 1950.

WINDSCHEID, BERNHARD – Zur Lehre des Code Napoleon von der Ungültigkeit der Rechtsgeschäfte, 1847, reimp., 1969;
 – Die Lehre des römischen Rechts von der Voraussetzung, 1850;
 – Die Voraussssetzung, AcP 78 (1892), 161-202.

WINKLER, ROLF – recensão a FRITZ NICKLICH (org.), Der komplexe Langzeitvertrag, NJW 1988, 617-618.

WOLF, HEINRICH AMADEUS – Die Willensfreiheit und die Grundrechte, JZ 2006, 925-930.

WOLF, MANFRED – vide LARENZ, KARL.

WOLF/BACHOF – Verwaltungsrecht, 1974, 1.

WOLFF, HANS J. – Der Unterschied zwischen öffentlichem und privatem Recht, AöR 76 (1950), 205--217.

ZOLLER – vide GIERSCHMANN.

ZULEEG, MANFRED – Die Anwendungsbereiche des öffentlichen Rechts und des Privatrechts, VwA 73 (1982), 384-404.

ZWAHLEN, HENRI – Le contrat de Droit administratif, Schweizerischer Juristenverein 1958, 465a--663a.

ÍNDICE IDEOGRÁFICO

alteração de circunstâncias – 51
   – codificação – 70
   – evolução – 51
   – experiência portuguesa – 58
   – natureza subsidiária – 67
   – regime – 73
   – teoria – 63

alteração de circunstâncias e contratos públicos – 79
   – equilíbrio financeiro – 89
   – experiência alemã – 80
   – experiência francesa – 83
   – recepção em Portugal – 85

autonomia privada – 9

base do negócio – 51, 60
   – no artigo 437.º/1 – 73
   – requisitos – 75

boa fé – 91

cláusulas de *hardship* – 65

Código da contratação pública – 9

contrato administrativo
   – ver contrato público

contrato público – 9, 31
   – alargamento – 38
   – experiência portuguesa – 35
   – tradição alemã – 31
   – tradição francesa – 33

contrato público no Direito português – 43
   – conceito material – 47
   – evolução estatutária – 43
   – síntese – 47

corporate governance – 111

Direito civil – 11
   – aplicação subsidiária – 29

Direito público – 11
   – experiência portuguesa – 18
   – teorias do sujeito – 16
   – teorias materiais – 13

equilíbrio financeiro – 89, 105
   – cláusulas específicas – 106
   – exclusão dos riscos do contrato – 109

equilíbrio público – 111

imprevisão – 83

interpretação contratual – 65

mutabilidade – 83

protecção da confiança – 64

risco – 63, 77

tutela de confiança – 64, 91
   – concretização – 102
   – no Direito público – 94